"Te celo porque te quiero"

"Te celo porque te quiero"

Cómo los celos nacen del amor, pero lo matan

JUAN LUIS ÁLVAREZ-GAYOU
PAULINA MILLÁN ÁLVAREZ

Grijalbo

"Te celo porque te quiero"
Cómo los celos nacen del amor,
pero lo matan

Primera edición: marzo, 2010
Primera edición para Estados Unidos: agosto, 2010

D. R. © 2009, Juan Luis Álvarez-Gayou Jurgenson

D. R. © 2009, Paulina Millán Álvarez

D. R. © 2010, derechos de edición mundiales en lengua castellana:
Random House Mondadori, S. A. de C. V.
Av. Homero núm. 544, col. Chapultepec Morales,
Delegación Miguel Hidalgo, 11570, México, D. F.

www.rhmx.com.mx

Comentarios sobre la edición y el contenido de este libro a:
literaria@rhmx.com.mx

ISBN: 978-030-788-187-8

Impreso en México / *Printed in Mexico*

Índice

CAPÍTULO UNO

Introducción

Martha conoció a Daniel en la boda de un amigo mutuo, y cada vez que contaban la historia de cómo platicaron hasta el día siguiente, cuando los meseros comenzaron a llevarse sillas y mesas, enfatizaban que lo suyo fue amor a primera vista.

Los primeros meses de romance fueron espectaculares —recuerda Martha—. Sentía que éramos en todo el uno para el otro y siempre había un pretexto para vernos o enviarnos un mensaje. Los amigos nos hacían burla porque empezamos a hablar igual: los mismos gestos, las mismas frases… pero yo sabía que lo que sentíamos era imposible de describir y que los demás nos envidiaba por eso.

Daniel sólo tenía ojos para Martha y ninguno de los dos creía poder encontrar a alguien que sustituyera lo que sentía por el otro, así que al año y medio de conocerse, se casaron.

Nos costó acoplarnos a vivir juntos porque yo era hija única y él estaba acostumbrado a convivir con varios hermanos, pero al poco tiempo ya nos llevábamos de maravilla. Me embaracé a los 10 meses de casada y estábamos felices, por supuesto, pero justo entonces comenzó a suceder.

Me acuerdo muy bien que empezó cuando fuimos a la fiesta de un socio suyo. Yo traía una panza enorme y me sentía incomodísima al lado de las demás mujeres, que además, en el círculo en que se movía mi marido, eran todas jóvenes esculturales. Yo me daba cuenta de cómo las miraba y cómo ellas se acercaban a él con cualquier pretexto, le tocaban el brazo, le sonreían... Cuando regresamos a casa discutimos por horas; yo le reclamaba su descaro y criticaba a sus amigos mientras él negaba todo y, para colmo, hasta los defendía.

Me juraba que sólo tenía ojos para mí y me amaba, pero yo no podía sentirme tranquila. Sabía que mientras yo estaba sola en casa, él estaba en la oficina con ellas o en comidas de negocios conviviendo con potenciales clientas que seguramente querrían seducirlo.

Hasta conocer a Daniel yo no había sido celosa, así que culpé de todo a mi embarazo, y pensé que en cuanto naciera el bebé se me pasaría. Sin embargo, nació y a los pocos meses regresó el tormento, agravado ahora por la incomodidad que sentía con los cambios sufridos por mi cuerpo después del embarazo. Entre cuidar al bebé, hacer las compras y arreglar mi casa, pasaba el día entero pensando en lo que podría estar ocurriendo en la oficina de Daniel. Suponía que sus amigos lo arrastraban a bares llenos de solteras o le presentaban amigas porque, después de todo, ellos estaban contra mí.

Martha quería a toda costa corroborar sus ideas sobre las infidelidades de su esposo y la mala influencia de sus amigos, así que fue por esa época que comenzó a espiarlo: se quedaba hasta muy tarde en la computadora leyendo los correos personales de

Daniel mientras éste dormía y aprovechaba cuando él se bañaba para revisar su celular. Aunque nunca encontraba evidencia suficiente para confrontarlo, su necesidad de espiarlo llegó al punto de manejar hasta su oficina todos los días para cerciorarse de que el horario de comida de su esposo no fuera pretexto para un encuentro con otra mujer.

Con tanto tiempo invertido en vigilar las actividades de su esposo, Martha comenzó a descuidar todo lo demás: su apariencia, su casa, amistades, intereses e incluso a su hijo. Las tensiones en la pareja crecían y Daniel pasaba cada vez menos tiempo en casa, lo cual sólo incrementaba las sospechas de Martha, quien ahora vivía su tormento entre insomnios y enfermedades constantes.

Un día llegó a la casa tarde, como ya era su costumbre, y me dijo que lo nuestro ya no funcionaba. Me dijo que yo no era ni la sombra de lo que había sido cuando nos conocimos y aunque la decisión no había sido fácil de tomar, definitivamente quería pedirme el divorcio. Yo le supliqué y lloraba como loca, pero al mismo tiempo lo insultaba y le reclamaba que me estuviera dejando por otra mujer, por una relación que seguramente escondió tan bien, que había escapado a mi vigilancia. Desde luego, nunca pude comprobar que hubiera alguien más, pero tampoco logré que regresara.

Hoy veo todo en perspectiva y me deprimo, me culpo de todas las desgracias por las que pasó nuestra relación. Todavía no puedo creer que todo lo bueno que teníamos se esfumara sólo por celos y sospechas.

La historia de Martha podría parecer el extremo más trágico de lo que los celos pueden hacer en la vida de una persona. Sin embargo, lo que ella vivió y sintió como resultado de sus inseguridades, representan las ideas y emociones de muchas personas que se han enfrentado a los celos. Algunos de estos casos, sin duda, han tenido finales más felices; muchas parejas han sabido dejar de lado los celos y han fortalecido su relación, pero para quienes aún viven presos de esta emoción, el futuro quizá sea incierto.

Los celos, como otras tantas emociones, se pueden entender y controlar si creamos las herramientas para hacerlo. Este aprendizaje puede llevarnos tiempo y requerir un esfuerzo importante; pero el costo de no hacerlo, las consecuencias de dejar que nuestros celos crezcan desmedidamente en nuestra imaginación y nuestra vida, pueden terminar con proyectos de vida, relaciones, amistades y sentimientos positivos de afecto.

A lo largo de este libro aprenderemos:

- Que los celos tienen el poder que nosotros decidimos darles.
- Que los celos no son equiparables al amor.
- Cómo los celos son una más de las emociones humanas, y por tanto, necesaria para los seres humanos.
- Que los celos nos dicen más sobre nosotros que sobre nuestra pareja.
- Que podemos aprender a expresar nuestros celos en vez de actuarlos.
- Que podemos escuchar los sentimientos que albergan nuestros celos para conocernos mejor y crecer como personas.
- Que podemos dejar atrás nuestras inseguridades y vivir relaciones más libres.

Además, analizaremos:

- Por qué nuestra pareja puede estar sintiendo celos y lo que nos dicen sobre nuestra relación.
- Cuándo los celos pueden requerir atención médica.
- Cómo crear acuerdos que nos permitan vivir relaciones más libres.
- Cómo viven hombres y mujeres mexicanos los celos.
- Cómo viven las personas que han dejado atrás los celos.

Entendiendo el concepto

Aunque no hay una definición universal de los celos, las distintas conceptualizaciones sobre el tema comparten elementos esenciales sobre esta emoción y las situaciones que la provocan.

Muchos expertos coinciden en decir que los celos implican temor a una situación, real o imaginada, de pérdida de algo apreciado o valioso para nosotros. Este *algo* bien puede ser la atención, admiración o cariño de una persona, la exclusividad sexual o emocional, entre otras cosas. Los celos pueden amenazar el vínculo que hemos establecido con una persona, una relación que es importante para nosotros. Por eso muchos dicen que los celos tienen sus raíces en nuestras inseguridades.

Algunas personas piensan que los celos son una expresión de amor y es natural experimentarlos cuando alguien realmente nos importa. Sin embargo, si bien los celos son parte del repertorio emocional de los seres humanos, no pueden equipararse al amor. Si aceptáramos esta premisa, diríamos que entonces ama más quien más cela (y llega a matar o lastimar por celos), o que quien no cela no ama (aunque en realidad confíe plenamente en su pareja).

Toda persona que ha vivido algún episodio de celos en su vida, estará de acuerdo en decir que los celos casi siempre vienen acompañados por una serie de emociones que, en conjunto, se vuelven difíciles de manejar. Quien siente celos puede también experimentar enojo, dolor, ansiedad, decepción, impotencia, desesperación, rechazo, entre muchas otras emociones. Esto puede hacer que alguien que siente celos encuentre difícil identificar qué los está causando.

Desgraciadamente, cuando sentimos celos, también nos parece que culpar a otros de lo que sentimos es más fácil que aceptar que los celos provienen de nosotros, de nuestros miedos y de nuestras inseguridades, y que somos sólo nosotros quienes podemos manejarlos y aprender de ellos. Hoy en día, muchos terapeutas están de acuerdo en decir que los celos son responsabilidad de quien los siente. Esto quiere decir que la persona que celamos no puede ni podrá hacer nada para terminar con nuestros celos si nosotros no tomamos cartas en el asunto. Muchos hombres y mujeres han cambiado aspectos de su personalidad o apariencia con la esperanza de "evitar" los celos de la pareja, ya sea por iniciativa propia o a petición de quienes los celan; a pesar de esto, han encontrado que estos cambios no traen bienestar o tranquilidad a su pareja, cuyos celos pueden aumentar.

Otro aspecto interesante es que, en muchos casos, se justifican los propios celos diciendo que son "normales", mientras los que la pareja siente sobre nosotros se perciben como anormales o sin fundamento. Esto hace que nos sea difícil aceptar que nuestra pareja se puede sentir insegura a pesar de nuestros esfuerzos por demostrarle seguridad o amor; asimismo, que es más sencillo culparla de los posibles problemas que los celos traigan a la relación.

¿POR QUÉ SENTIMOS CELOS?

Algunos autores han descrito cómo los seres humanos somos capaces de sentir celos desde nuestros primeros meses de vida y esto nos acompaña, en la mayoría de los casos, hasta la adultez. Pero la cultura y la sociedad en que nos desarrollamos tienen un papel muy importante en cómo experimentamos los celos y, sobre todo, en las situaciones que "disparan" estos celos.

De acuerdo con la definición anterior, sentimos celos cuando percibimos una amenaza al vínculo con nuestra pareja. De manera general, nuestra cultura valora la exclusividad emocional y sexual. Formamos parejas y matrimonios que aspiran a ser duraderos y monógamos, es decir, no esperamos compartir a nuestra pareja ni deseamos que ésta forme vínculos eróticos o afectivos con otros. Para muchos de nosotros, entonces, un coqueteo o una cita amorosa de nuestra pareja con otra persona puede constituir una amenaza.

Sin embargo, para quienes viven en dos o más experiencias amorosas a la vez, una relación extrapareja no es siquiera considerada infidelidad. Las personas poliamorosas han decidido, de común acuerdo, establecer relaciones afectivas y sexuales con más de una persona al mismo tiempo, con el consentimiento de quienes se relacionan con ellas. Por eso, para una persona poliamorosa o de pareja abierta, las "amenazas" que llevarían a una persona monógama a sentir celos, serían experimentadas de manera diferente.

Otro aspecto importante en nuestra cultura es la importancia que le conferimos a nuestros celos. Ya explicamos por qué los celos no son equiparables al amor. Pero seguimos viendo esta emoción como necesariamente vinculada al afecto que sentimos por una persona, y más allá de esto, a veces permitimos a los celos ser una excusa para actuar irracionalmente.

Dossie Easton y Janet Hardy, autoras del libro *The Ethical Slut* (2009), dicen que cuando los celos nos amenazan, algunos permitimos a nuestra mente "apagarse" bajo la excusa de que actuamos por instinto. De hecho, en algunos países, lastimar o asesinar bajo la "influencia" de los celos es una atenuante al castigo que alguien podría recibir por cometer el mismo crimen en otras condiciones. A pesar de esto y de la idea que tenemos de los celos, muchas personas han aprendido a manejarlos y a no dejar que controlen sus vidas.

Los celos, como el enojo o el miedo, son parte del repertorio humano de emociones y tienen, por así decirlo, una razón de ser. Pueden funcionar como alarma de peligro o amenaza. Sin sentir miedo, por ejemplo, las personas nos expondríamos constantemente a peligros, pensando que nada puede sucedernos; sin la reacción de enojo, nunca sabríamos que algo nos molesta o lastima. Al mismo tiempo, tampoco podríamos vivir presos de estas emociones. Siguiendo los ejemplos anteriores, el miedo excesivo nos impediría salir de nuestra casa o disfrutar un viaje, pensando en todo lo que podría ocurrirnos; y si dejáramos que el enojo se apoderara de nosotros, probablemente terminaríamos agrediendo a cualquiera con quien tuviéramos una diferencia.

Así, aprendemos muy pronto a mantener emociones como el enojo o el miedo bajo control. Sabemos que en nuestras sociedades, lo ideal es mantener un sano punto medio y aprender a escuchar lo que las sensaciones de miedo o enojo nos dicen y a usarlas en nuestro beneficio.

Con los celos, sin embargo, este control no se produce siempre y cuando nos atacan dejamos que crezcan hasta lastimarnos a nosotros mismos y a otros. Entonces, los celos que podrían ser funcionales, es decir, que pueden ayudarnos a identificar amenazas a nuestros vínculos afectivos, se convierten fácilmente en un problema.

Aunque más adelante iremos desglosando los pasos que nos permitirán aprender a manejar esta emoción, especialmente importante es que aprendamos a verla como parte de nosotros, como una posible aliada en el entendimiento del modo en que nos relacionamos con otras personas. Podemos aprender a lidiar con nuestras inseguridades, a desarrollar herramientas que nos permitan sentirnos más seguros de nuestras emociones y a ejercitar la confianza que depositamos en quienes nos aman. Es decir, no podemos vivir sin los celos, pero sí aprender a vivir con ellos de modo que no se conviertan en tragedia o amenaza para las relaciones que establecemos con otros.

Los celos en otras culturas

La idea que tenemos sobre la pareja y el amor está tan arraigada en nosotros, que fácilmente podríamos pensar que nació con nuestra cultura y su lógica obedece a leyes más o menos naturales. Es decir, quién podría pensar, hoy en día, que es absurdo sentir celos si alguien ve a su pareja besando a otra persona o se entristezca si su pareja decide abandonarla.

Por eso, nos sorprendería darnos cuenta de qué tan diferentes han sido o son las vidas amorosas y de pareja en otras culturas y tiempos. En el 2005, Stephanie Coontz escribió el libro *Marriage, a History* (*El matrimonio, una historia*), donde narra el desarrollo de nuestra concepción actual sobre el amor, la pareja y la familia. En este texto menciona que el matrimonio no es una unión prioritaria o importante en algunas culturas distintas a la nuestra. Por ejemplo, en 1930, una mujer indígena kiowa mencionó a un investigador que "una mujer siempre puede encontrarse otro marido, pero hermano sólo tiene uno"; por ello sabemos que en esa sociedad se daba prioridad al amor fraternal sobre el amor de pareja. De hecho, en textos cristianos anteriores al siglo XVII, la palabra amor se refería al sentimiento expresado a Dios o al prójimo, no necesariamente hacia un cónyuge. En la filosofía de Confucio, las dos relaciones más importantes en una familia se daban entre padre e hijo y entre hermano mayor y hermano menor, no entre esposos. Hoy esto podría parecer contrario a lo que nos enseñan los terapeutas de pareja, pero las diferencias entre nuestra cultura y otras no terminan aquí.

En muchas sociedades del pasado, cuenta Coontz, la lealtad sexual no era una prioridad; de hecho, la expectativa de fidelidad en la pareja actual es relativamente nueva. Muchas culturas han permitido a los hombres buscar gratificación sexual fuera del matrimonio y aunque menos frecuente, las mujeres también han podido buscar relaciones sexuales extrapareja en algunos grupos sociales. En un estudio realizado por antropólogos en 109 sociedades, tan sólo en 48 se encontró que la búsqueda de parejas sexuales fuera del matrimonio estaba prohibida a hombres y mujeres.

Por ejemplo, entre los dogón de África occidental, las jóvenes recién casadas eran motivadas por sus madres a buscar relaciones sexuales con otros hombres. Entre los rukuba de Nigeria, una mujer puede tener un amante durante su primer matrimonio, costumbre tan arraigada en su cultura que el amante adquiere el derecho de pedirle, tiempo después, la mano de su hija para el hijo que tenga él.

En las parejas inuit (antes llamadas esquimales), solía haber arreglos que les permitían intercambiar esposos y esposas entre ellos. De hecho, los hijos de cada pareja sentían que compartían con los otros un vínculo especial y los consideraban como hermanos. En este tipo de arreglos la expresión de los celos era considerada un desacierto social.

En el Tíbet y en partes de la India, Kashmir y Nepal, una mujer podía estar casada con dos o más hermanos, cada uno de los cuales podía tener relaciones sexuales con ella. En estas sociedades, los celos también son una manifestación aislada.

En algunas culturas, las esposas o coesposas de un hombre se consideran a sí mismas aliadas y no rivales. Un investigador que trabajó con los indios cheyenne en los años treinta y cuarenta del siglo pasado, supo de un hombre que quiso deshacerse de dos de sus tres esposas. El grupo de mujeres lo enfrentó, diciéndole que si una se iba, se irían todas en acción solidaria. También en Botswana se considera que más de una esposa es el mejor método para que el trabajo doméstico y de crianza de los hijos sea más fácil y efectivo.

Pero no sólo la exclusividad sexual es novedad en algunas de las sociedades actuales, sino también algunos derechos y obligaciones que hoy concebimos para quienes se casan por segunda vez y se divorcian. Por ejemplo, los inuit creían que si un hombre volvía a casarse, la primera esposa (y los hijos del primer matrimonio) tenían el derecho de cazar y pescar en el territorio de la nueva esposa.

Por último, esta autora también destaca el caso de las mujeres bari en Venezuela, quienes se permitían tener varios amantes durante el embarazo con el conocimiento y consentimiento de su esposo. Inmediatamente después del parto, ella nombraba a todos los hombres que habían sido sus amantes para que otra mujer presente durante el alumbramiento pudiera comunicarles que "habían tenido un hijo". Se esperaba entonces que estos "padres secundarios" proveyeran al bebé de comida, incrementando así la posibilidad de que estos niños vivieran hasta los 15 años, en comparación con un hermano o hermana que sólo tuviera un padre.

Sin duda, estos ejemplos nos permiten reflexionar sobre la diversidad de ideas y costumbres de que somos capaces los seres humanos. Pero aún más importante resulta analizar el vínculo que guardan nuestras costumbres con nuestras ideas, expectativas y sentimientos, y comprender que de ningún modo son tan universales que puedan considerarse inamovibles. Para Coontz, esto tiene otros alcances: relata que hace sólo dos siglos que las sociedades occidentales de Europa y América desarrollaron un conjunto de valores en torno a la pareja que terminaron por extenderse a nivel mundial. En función de este modelo se espera, como nunca antes había ocurrido en la historia de la humanidad, que una sola persona satisfaga nuestras necesidades emocionales, sociales y sexuales. Nunca antes se había pensado si estas expectativas son realistas o deseables, y aunque muchos no tuvieron inconveniente en adoptar estos valores, ello tuvo consecuencias no anticipadas que desde entonces han amenazado la estabilidad de la institución matrimonial.

En esta misma línea de pensamiento se podría creer, entonces, que la idea de priorizar a la pareja y depositar en ella todas nuestras expectativas no puede estar exenta de obstáculos. Es aquí donde los celos pueden tener su mayor campo de acción: esperamos enamorarnos de una persona que nos llene en todos los sentidos, y cualquier amenaza a ese vínculo puede poner fácilmente de cabeza nuestro mundo amoroso.

En una investigación realizada por White (2008), se preguntó a 159 terapeutas miembros de la Asociación Americana de Terapia Familiar y de Pareja sobre el papel que tienen los celos en sus pacientes. Los resultados mostraron que los celos fueron el principal problema y motivo de consulta para un tercio de los clientes de este grupo, especialmente en pacientes de menos de 45 años.

Aun así, en nuestra cultura actual sigue siendo importante establecer relaciones de pareja que nos satisfagan y sean significativas. El amor que sentimos por otra persona y los planes formulados a partir de este vínculo son parte esencial en la vida de la mayoría de nosotros. Es precisamente por eso que decidimos esforzarnos por vencer cualquier dificultad que encontremos en el camino, incluyendo los celos.

LA ENVIDIA Y LOS CELOS: ¿IGUALES O DIFERENTES?

La envidia y los celos son dos emociones a menudo equiparadas hasta el punto de que pueden confundirse en ciertas circunstancias. No obstante, algunos autores encuentran diferencias concretas entre ambos conceptos. En general, podemos decir que los celos se refieren al deseo de conservar algo que consideramos nuestro; buscamos, por todos los medios, conservar a alguien o algo que amamos. La envidia, por otro lado, se refiere al deseo de tener algo que no es nuestro, que otro u otros poseen.

Bevan (2009) encuentra que uno de los factores importantes que distinguen a los celos de la envidia es que, en el caso de la envidia, nuestro deseo se orienta a obtener algo en general, es decir, deseamos riqueza o belleza, mientras en los celos deseamos algo o alguien en particular.

Para Reidl (2005), las dos emociones tienen semejanzas interesantes:

- Ambas son emociones compuestas o complejas, constituidas por emociones primarias o básicas que les son comunes: enojo, miedo o inseguridad.

- *Las dos son de comparación social.* Al pertenecer los celos y la envidia al grupo de emociones que se refieren a la fortuna de los demás, es decir, emociones negativas dirigidas hacia la buena fortuna de los otros, la preocupación central es de competencia. Tanto el celoso como el envidioso creen que es justo ganar y no perder, pero en el caso de los celos este sentimiento es más fuerte porque el sujeto ya tiene al objeto-pareja.

- *Pertenecen a la misma familia.* Cuando se dice que las emociones pertenecen a la misma familia o al mismo grupo o categoría prototípica, se parte de la semejanza percibida en las características que las definen. Para Averill (1980, citado por Reidl, 2005), enojo, celos y envidia son emociones muy semejantes, por lo que se debe poner atención al objeto evaluado: si el sujeto cree que otra persona le ha cometido una injusticia, la respuesta se puede atribuir al enojo; si cree que la otra persona tiene algo —obtenido quizá de manera legítima— que de otra manera sería de ella, la respuesta se puede clasificar como celos; y si el individuo simplemente ve a la otra persona como en una posición más favorable, la respuesta puede identificarse como envidia.

- *Amenazan a la autoestima.* Tanto los celos como la envidia amenazan la autoestima: en el caso de la envidia, las posesiones del otro hacen que el envidioso se sienta menos, y en el caso de los celos, la preferencia por el rival hace que el celoso se pueda sentir inferior o, por lo menos, no preferido.

- *Ocurren en la misma situación emocional.* Es decir, pueden presentarse al mismo tiempo o en secuencia, una después de la otra con un pequeño intervalo entre ellas. Existen casos difícilmente clasificables como envidia o celos porque parecen compartir elementos de ambas.

- *Ambigüedad lingüística.* La envidia y los celos son conceptos que se traslapan y algunos idiomas ni siquiera utilizan palabras distintas para designarlos. La fuente de su congruencia en el idioma inglés es el amplísimo significado adscrito a los celos: puede denotar celos o envidia.

- *Connotación moral indeseable.* La gente tiende a confundir la envidia con los celos, pero la envidia tiene una connotación más negativa pues se percibe como menos mitigada por el amor que los celos.

Lo que además tienen en común es, sin duda, el poder destructivo que siempre acompaña a los celos y la envidia; pero es responsabilidad de nosotros dejar o no que crezcan hasta convertirse en fuente de conflicto personal y para quienes nos rodean.

CAPÍTULO DOS

¿Qué se ha investigado en la actualidad sobre los celos?

Las investigaciones en materia de celos en las últimas décadas, se han centrado en averiguar el papel que tienen en la vida de las personas y su relación con estrés, enojo, tristeza o frustración.

Muchas hipótesis en estos estudios se generan en torno a cómo reaccionamos los seres humanos ante la posibilidad de una infidelidad de nuestra pareja y, concretamente, en las posibles diferencias entre hombres y mujeres.

Para la psicología evolucionista, hombres y mujeres reaccionamos de manera diferente ante la posibilidad de una infidelidad sexual y una emocional. Buss (1992) apunta que ello se debe a dos factores principalmente: el mayor cuidado de las mujeres hacia sus hijos y la incertidumbre de la paternidad *vs.* la certidumbre de la maternidad (una mujer puede estar segura de que el hijo es suyo pero un padre no). Si la pareja de un hombre tiene relaciones sexuales con otro, este sujeto corre el riesgo de mantener un hijo no suyo, por lo que evolucionistamente hablando, los hombres tendrían que haber desarrollado mayor propensión a mostrar más celos que las mujeres ante la posibilidad de una infidelidad sexual.

En el caso de las mujeres, el riesgo no es criar al hijo de otra, sino ser abandonadas por su pareja. Por eso, la razón de los celos en las mujeres estaría ligada a la posibilidad de una infidelidad emocional, es decir, que su pareja se enamorara de otra mujer. Así, de acuerdo con esta teoría, una mujer se volvería celosa para ahuyentar rivales, mientras un hombre usaría los celos para competir con otros hombres y evitar que su material genético se pierda.

Algunas investigaciones han comprobado esta idea. Por ejemplo, Schützwohl y Achim (2006) cuestionaron a un grupo de personas sobre el tipo de infidelidad que más ocupaba sus pensamientos cuando temían que su pareja estuviera con alguien más y las preguntas que le harían si tuvieran que confrontarla. Los resultados de este estudio muestran que, para los hombres, la infidelidad sexual representa el mayor peligro y genera más celos, mientras para las mujeres sería una infidelidad emocional.

Sin embargo, un buen número de estudios ofrecen resultados distintos. Sabini y Silver (2005), descubrieron que hombres y mujeres expresan por igual más enojo ante la posibilidad de una infidelidad sexual; y al preguntarles si su pareja fuera a un burdel a tener un encuentro sexual, las mujeres se muestran más celosas.

Rusell y Harton (2005) encontraron que hombres y mujeres se molestarían más ante la posibilidad de una infidelidad sexual que una emocional, sobre todo si el rival fuera un extraño. Vaughn y cols. (2004) midieron el enojo, el dolor y los celos que un grupo de personas sentiría ante una posible infidelidad: hombres y mujeres se sentirían igualmente molestos si su pareja tuviera relaciones sexuales con otra persona e igualmente dolidos ante una supuesta infidelidad emocional, en particular si en ese momento su relación amorosa fuera significativa.

Harris (2002) encontró diferencias entre hombres y mujeres en función de la preferencia genérica o sexual (hombres y mujeres homosexuales y heterosexuales), según anteriores experiencias de infidelidad (si las experimentaron), y en todos los casos los sujetos reportaron mayor dolor ante una posible infidelidad emocional. En otro estudio, la misma autora señala que los hombres reaccionan más (por ejemplo, presentan mayor incremento de presión arterial y palpitaciones del corazón) ante la idea de una infidelidad sexual, aunque también reaccionan de manera similar ante la presentación de imágenes sexuales (sugiriendo que tal vez en el primer caso los celos no estén involucrados en su reacción). Por último, las mujeres no presentan mayor reacción que los hombres ante la posibilidad de una infidelidad emocional, y en algunos casos sus actitudes eran similares a las de ellos.

Otros estudios versan sobre variables como tipo de pareja, cercanía emocional, experiencias previas de infidelidad, sociedad en la que se desenvuelve un individuo, nivel de autoestima, etc., como predictoras de los celos y de la reacción de una persona ante una posible infidelidad.

Por ejemplo, un estudio interesante de García-Leiva y colaboradores (2001) señala que hombres y mujeres expresamos sentimientos de inferioridad cuando se nos presentan distintos tipos de rivales. En las mujeres, el peor rival sexual sería una mujer poco atractiva y escasos rasgos dominantes (con baja autoestima, no inteligente, poco respetada, con menores capacidades, etc.), mientras que para un hombre lo sería alguien atractivo y poco dominante. En el caso de una infidelidad emocional, hombres y mujeres se sentirían inferiores si su rival fuera poco atractivo pero dominante (inteligente, con un buen trabajo, respetado, buen nivel educativo y económico, etcétera).

LOS CELOS EN MÉXICO

El estudio de los celos en México se ha desarrollado en buena medida por la contribución de la doctora Lucy Ma. Reidl, psicóloga investigadora y docente, pionera en la exploración del papel que los celos y la envidia tienen en la vida de las personas y el significado que éstas le confieren. En 2005, publicó varias investigaciones al respecto con hallazgos interesantes. Por ejemplo, al pedirle a 520 personas que escribieran por lo menos cinco palabras que asociaran al concepto "celos" y que las jerarquizaran en función de la mayor cercanía que tuvieran a dicho estímulo, este grupo las definió así (en orden de importancia): inferioridad, coraje, impotencia, ansiedad, posesión, amor, envidia, egoísmo, infidelidad, carencia, rechazo, inconformidad, superioridad y personalidad.

En otro estudio entrevistó a varias personas sobre el tema, la doctora Reidl encontró que los celos involucran principalmente a la pareja y surgen cuando ésta dedica más atención o tiempo a un rival. En consecuencia, las personas dijeron sentirse rechazadas y percibir la situación como injusta. Al inicio de un episodio de celos, la mayoría parece disimular sus emociones, pero las manifiesta si la situación continúa; buscan hablar con su pareja, llegar a un acuerdo y reportan tener experiencias corporales que tratan de controlar explicándose a sí mismos la situación y calmándose. La situación es descrita como desagradable, inesperada e impide el logro de objetivos. Finalmente, las personas en este estudio manifestaron ser ellos mismos responsables de la situación pero sentir, al mismo tiempo, que no pueden dominarla.

En 2009, el Insituto Mexicano de Sexología realizó una investigación para explorar el índice de celos anticipados en una muestra de la población mexicana y posibles diferencias en función de género, escolaridad, la edad y estado civil, entre otras variables.

Se utilizó el *Test de celos anticipados*, inventario validado anteriormente para esta población. Este instrumento tiene 12 ítems o afirmaciones que se pueden contestar con la siguiente escala, donde la persona marca qué tan cercana estaría de sentirse muy molesta o poco molesta ante cada situación presentada:

Me molestaría mucho						No me molestaría nada

Para calificar el test se suman las respuestas a cada pregunta otorgándose un 7 a la opción más cercana a "me molestaría mucho", un 1 a la más cercana a "no me molestaría nada" y de 6 a 2 a las respuestas entre los extremos. De este modo, se determinó que, a mayor calificación de una persona en el test, mayor su molestia, y por tanto, su manifestación de celos anticipados.

El uso de una escala que contempla dos extremos para calificar el nivel de "molestia" que una situación provoca, se relaciona con los resultados obtenidos en una investigación cualitativa previa a partir de la cual surgen los ítems o preguntas del test. En ella se observó, de manera consistente, que los celos que pueden surgir en distintas situaciones, son experimentadas por las personas como "una molestia". Por otro lado, varias investigaciones han demostrado que la emoción central en las personas que experimentan celos es enojo (Guerrero, Trost y Yoshimura, 2005; Knox, Breed y Zusman, 2007; y Archer y Webb 2005).

RESULTADOS

En este estudio participaron 640 hombres y mujeres mexicanos (39.3% y 60.7% respectivamente) con un promedio de edad de 29.4 años (mínimo 16 y máximo 87 años). La religión de la mayoría fue católica (84.3%) y las demás personas reportaron pertenecer a otra religión o no tener ninguna (8%). Respecto a esta variable, se preguntó a los participantes con qué frecuencia acudían a servicios religiosos: 16.3% de 1 a 7 veces por semana, 46% una vez al mes o pocas veces al año y 37.7% sólo por compromiso social o no acude nunca:

Gráfica 2.1

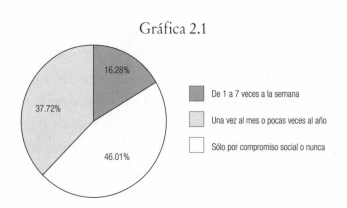

Del total, 55.3% son solteros, 36.8% casados o en unión libre y 8% están separados o divorciados. De quienes han estado o siguen casados, 90.91% sólo una vez y 8.02% dos veces. El promedio de hijos reportado por 32.2% de la muestra fue de 2.43 (con mínimo de uno y máximo de 12). El 78.75% tenía una relación de pareja al momento de la investigación y las respuestas a "Los años que tengo de casado o en pareja son…" fueron: 35.2% tenía más de 10 años con su pareja, 22.34% tenía de 1 a 3 años con su pareja, 18.68% tenía de 5 a 10 años, 13.55% menos de un año y 10.26% de 3 a 5 años.

Gráfica 2.1

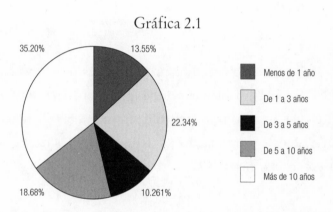

En cuanto a la ocupación laboral de hombres y mujeres participantes, 27.97% eran estudiantes, 27.54% profesionistas, 26.69% empleados, 4.87% técnicos y otros 4.87% se dedicaban al hogar, 4.45% desempeñaban actividades diferentes a las citadas y 1.91% se encontraba desempleado.

Gráfica 2.3

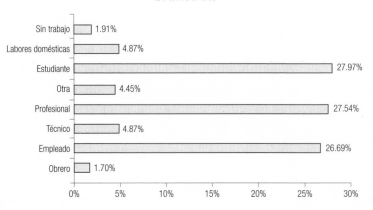

La mayoría tenía estudios profesionales o de licenciatura (57.39%), el 17.92% habían cursado la preparatoria, 8.96% tenían estudios de posgrado (maestría o doctorado), 5.97% tenían secundaria, 2.99% primaria, 1.73% tenían estudios de comercio, 1.10% escuela normal y 3.93% otros estudios.

Gráfica 2.4

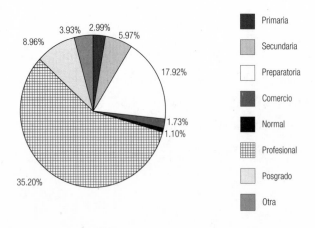

Del total, 19.68% reportaron no tener ingresos, 19.23% ganaba entre 4 y 6 salarios mínimos, 16.29% de 7 a 10 salarios mínimos, 15.84% 1 a 3 salarios mínimos, 10.63% un salario mínimo o menos, 9.5% entre 10 y 15 salarios mínimos y 8.82% más de 15 salarios mínimos.

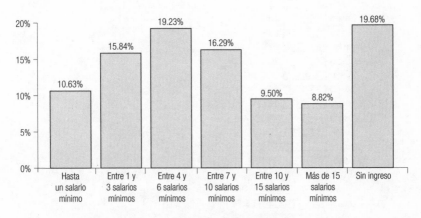

Gráfica 2.5

Los hombres y mujeres que participaron provenían de 26 estados de la República mexicana: Puebla, Guerrero, San Luis Potosí, Colima, Coahuila, Sonora, Quintana Roo, Zacatecas, Durango, Tabasco e Hidalgo contribuyeron con 2.3% del total; Oaxaca, Veracruz, Campeche, Tamaulipas y Nuevo León, 3.1%; Nayarit, Chiapas, Sinaloa, Jalisco, Querétaro, Guanajuato, 3.9%; Michoacán y el Estado de México representaron cada uno 4.8%; el Distrito Federal representó 12.5% y Tijuana 13 por ciento.

Gráfica 2.6

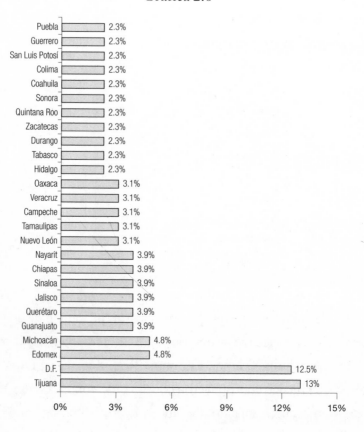

Las respuestas a cada pregunta del test relacionadas con la molestia (mucha o nada) que provocarían ciertas situaciones, se presentan a continuación junto con el porcentaje de ocurrencia en cada una de las 12 opciones:

1. Si tu pareja coquetea con alguien:

Me molestaría mucho   No me molestaría nada

43.2%	34.7%	13.1%	7.5%	0.6%	0.6%	0.2%

2. Si tu pareja tiene besos y caricias con alguien:

Me molestaría mucho   No me molestaría nada

73.6%	11.3%	11.4%	3.1%	0.5%	0.6%	0.2%

3. Si tu pareja platica con una persona del otro sexo:

Me molestaría mucho   No me molestaría nada

8.3%	22.3%	30.1%	33.2%	2.8%	3.3%	0.2%

4. Si tu pareja habla animadamente de una persona del otro sexo:

Me molestaría mucho   No me molestaría nada

13.1%	24.4%	32.3%	25.6%	2.1%	2.3%	0.2%

5. Si tu pareja tiene las mismas atenciones que te dedica con alguien del otro sexo:

Me molestaría mucho   No me molestaría nada

30.5%	32.9%	21.1%	11.7%	2.1%	1.6%	0.2%

6. Si tu pareja menciona que alguien del otro sexo le parece atractivo/a:

Me molestaría mucho   No me molestaría nada

17.8%	22.6%	26.7%	29.1%	2.4%	1.3%	0.2%

7. Si tu pareja mira a una persona del otro sexo cuando sale contigo:

Me molestaría mucho   No me molestaría nada

17.2%	27.7%	23.4%	29.1%	1.3%	1.3%	0.0%

8. Si tu pareja coquetea con otra persona cuando está contigo:
Me molestaría mucho   No me molestaría nada

59.7%	28.4%	7.0%	4.1%	0.3%	0.5%	0.0%

9. Si tu pareja se enamora de otra persona:
Me molestaría mucho   No me molestaría nada

56.4%	11.3%	23.2%	6.1%	1.1%	1.8%	0.2%

10. Si tu pareja tiene una relación sexual con otra persona:
Me molestaría mucho   No me molestaría nada

82.2%	5.1%	9.2%	2.5%	0.3%	0.5%	0.2%

11. Si tu pareja se vuelve amante físico de otra persona:
Me molestaría mucho   No me molestaría nada

78.8%	8.5%	8.7%	2.7%	0.5%	0.6%	0.2%

12. Si tu pareja se vuelve amante emocional de otra persona:
Me molestaría mucho   No me molestaría nada

74.8%	10.5%	10.3%	3.5%	0.3%	0.5%	0.2%

En función de lo reportado por las personas que participaron en esta investigación, es posible ordenar las situaciones que generan más celos en hombres y mujeres de mayor a menor importancia (considerando sólo la primera opción de respuesta o la más cercana a "me molestaría mucho"):

1.	Que su pareja tenga una relación sexual con otra persona.
2.	Que su pareja se vuelva amante físico de otra persona.
3.	Que su pareja se vuelva amante emocional de otra persona.
4.	Que su pareja tenga besos y caricias con alguien.
5.	Que su pareja coquetee con otra persona cuando está con ellos.
6.	Que su pareja se enamore de otra persona.
7.	Que su pareja coquetee con alguien.
8.	Que su pareja tenga atenciones con alguien del otro sexo.
9.	Si su pareja menciona que alguien del otro sexo le parece atractivo/a.
10.	Si su pareja mira a una persona del otro sexo cuando sale con ellos.
11.	Si su pareja habla animadamente de una persona del otro sexo.
12.	Si su pareja sale a platicar con una persona del otro sexo.

En este caso, los dos primeros lugares los ocupa la posibilidad de que su pareja tenga relaciones sexuales con otra persona seguida por la de que ello lleve a una relación emocional con el tercero. Sin embargo, las cifras cambian cuando se consideran las dos primeras opciones de respuesta:

1.	Que su pareja coquetee con otra persona cuando está con ellos.
2.	Que su pareja tenga una relación sexual con otra persona.
3.	Que su pareja se vuelva amante físico de otra persona.
4.	Que su pareja se vuelva amante emocional de otra persona.
5.	Que su pareja tenga besos y caricias con alguien.
6.	Que su pareja coquetee con alguien.

7.	Que su pareja se enamore de otra persona.
8.	Que su pareja tenga atenciones con alguien del otro sexo.
9.	Si su pareja mira a una persona del otro sexo cuando sale con ellos.
10.	Si su pareja menciona que alguien del otro sexo le parece atractivo/a.
11.	Si su pareja habla animadamente de una persona del otro sexo.
12.	Si su pareja sale a platicar con una persona del otro sexo.

En esta segunda opción de orden, el acto de coquetear gana importancia, volviéndose la situación que generaría más molestia en hombres y mujeres cuando ocurre frente a ellos, pero también a sus espaldas (ocupando el quinto lugar).

DIFERENCIAS POR GÉNERO

Aunque la suma de las respuestas a los ítems o afirmaciones del test no muestra diferencias entre hombres y mujeres (es decir, no podemos decir que un género sea "más celoso" que el otro), se encontraron algunas diferencias en función de cada uno de los ítems del cuestionario.

Cuando hablamos de diferencias significativas nos referimos a presentadas en distintas pruebas estadísticas. Esto significa que aunque podamos percibir, como lo muestra la siguiente gráfica, que las respuestas de hombres y mujeres son diferentes, se requiere de la estadística (que toma en cuenta otros aspectos de la muestra utilizada) para saber si éstas son realmente relevantes.

Cuadro 2.1

	Promedio en mujeres	*Promedio en hombres*
Pregunta 1	6.08	6.12
Pregunta 2	6.53	6.55
Pregunta 3	4.89	4.90
Pregunta 4	5.18	5.04
Pregunta 5	5.72	5.75
Pregunta 6	5.29	5.07
Pregunta 7	5.41	5.05
Pregunta 8	6.44	6.38
Pregunta 9	6.18	5.97
Pregunta 10	6.65	6.63
Pregunta 11	6.58	6.63
Pregunta 12	6.54	6.53

Gráfica 2.7

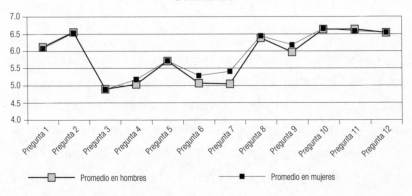

A pesar de lo apuntado por la psicología evolucionista, en esta investigación no se encontraron diferencias significativas en las reacciones de hombres y mujeres ante una posible infidelidad emocional *vs.* una infidelidad sexual. De hecho, hombres y mujeres se mostraron más molestos ante la posibilidad de una infidelidad física que una emocional. Así, las situaciones que planteaban una posible infidelidad emocional o física que causaron más molestia en hombres y mujeres de esta muestra, fueron las siguientes (de mayor molestia a menor):

- Que su pareja tenga una relación sexual con otra persona.
- Que su pareja se vuelva amante físico de otra persona.
- Que su pareja tenga besos y caricias con alguien.
- Que su pareja se vuelva amante emocional de otra persona.
- Que su pareja se enamore de otra persona.

Sin embargo en este estudio las mujeres reportaron sentirse más molestas ante las siguientes circunstancias:

1.	Que su pareja mencione que alguien del otro sexo le parece atractivo.
2.	Que su pareja mire a una persona del otro sexo cuando sale con ellos.
3.	Que su pareja se enamore de otra persona.

La posible explicación puede estar en las diferencias culturales entre hombres y mujeres. Es decir, ambos géneros son educados de manera distinta en nuestra sociedad y sus expectativas ante la pareja se ven influidas por esta situación, como lo muestran numerosas investigaciones. Así, en general, las mujeres pueden esperar que la pareja les preste toda su atención y no mire o atienda a otras mujeres mientras está en su compañía; para los hombres esto puede tener menos importancia que, por ejemplo, un coqueteo abierto de su pareja con otro hombre. Otro aspecto que nuestra cultura refuerza en el género femenino es la importancia del amor romántico en conexión con la sexualidad y las relaciones sexuales. Esto puede explicar por qué para las mujeres en esta investigación, aunque la idea de una infidelidad sexual resulta más perturbadora, la posibilidad de que su pareja se enamore de otra persona genera mayor molestia que en los hombres.

UN CURA PARA LOS CELOS: LA EDAD

Un resultado notable en este estudio fue la conexión entre calificación del test y la edad de quienes participaron. Al dividir a las personas en cuatro grupos, se encontró que quienes tenían de 16 a 20 años de edad expresaron significativamente mayor molestia ante cada una de las situaciones del test. Aunque no hubo diferencias estadísticas entre los otros grupos, el promedio de calificación muestra que, a mayor edad, una persona tiene menos posibilidades de manifestar molestia o celos ante las situaciones presentadas:

Cuadro 2.2

Grupo de edad	Promedio de calificación por grupo
De 16 a 20 años	71.5339
De 21 a 30 años	69.8746
De 31 a 59 años	67.8141
De 60 en adelante	61.2500

Gráfica 2.8

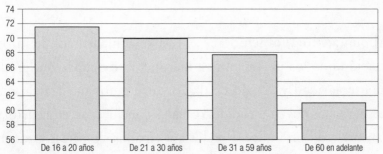

41

Respecto a estos hallazgos, se pueden generar hipótesis sobre el papel que juega la edad en los celos experimentados. Aunque son contados los estudios que consideran este factor, Shackelford y colaboradores (2004) encontraron que las mujeres mayores son menos celosas que las jóvenes y explicaron este hecho a partir de la idea de que este último grupo tiene más posibilidades de tener hijos pequeños dependientes de ellas, y por tanto, tendrían más que perder si su pareja las abandona. En nuestra opinión, esto puede deberse más a los cambios que sufre la relación de pareja con el paso de los años y algunas investigaciones (Story y colaboradores, 2007; Kaufman, y Taniguchi, 2006) observaron que influyen cuando la comunicación y la intimidad han estado presentes a lo largo de la relación.

Por otro lado, hombres y mujeres cambiamos con la edad: nuestra autoestima se eleva cuando somos adultos y conforme pasan los años; sólo declina en las personas añosas (Robins y Trzesniewski, 2005). Probablemente nuestra mayor autoconfianza se refleja directamente en la frecuencia o intensidad con la cual aparecen los celos en nuestra vida.

LA OCUPACIÓN, EL ESTADO CIVIL Y LA ESCOLARIDAD: OTROS FACTORES A CONSIDERAR

El puntaje total obtenido en el test se comparó con la información que los participantes dieron sobre ocupación, grado de escolaridad y estado civil. Los resultados mostraron que las personas cuyos estudios formales concluyeron en la primaria, tuvieron un índice de celos anticipados significativamente menor al de los otros grupos, seguidos por quienes terminaron un posgrado, estudiaron comercio o escuela normal y quienes dijeron tener "otros" estudios. Por último, las personas con mayor índice de celos anticipados fueron quienes estudiaron hasta la secundaria o la preparatoria.

Cuadro 2.3

Grado de escolaridad concluido	Promedio de calificación en el test
Primaria	58.2941
Secundaria o prevocacional	70.2632
Preparatoria o vocacional	72.3070
Comercio o normal	67.2222
Profesional	69.8521
Posgrado	65.5263
Otra	67.0400

Gráfica 2.9

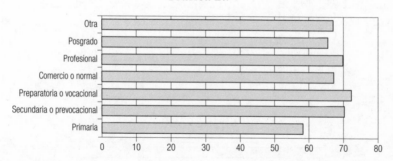

En cuanto al estado civil, las personas casadas o en unión libre se mostraron mucho menos molestas ante las situaciones presentadas en el test que las separadas, divorciadas o solteras.

Cuadro 2.4

Estado civil	Promedio del total por grupo
Solteros	69.6104
Casados o en unión libre	65.3750
Separados o divorciados	69.8980

Estudiantes, empleados y quienes dijeron dedicarse a labores domésticas son los tres grupos de personas cuyo celos anticipados aparecen con índices más altos; los siguen los identificados como técnicos y profesionales; los grupos que reportaron menos molestia ante las situaciones presentadas fueron obreros, personas que se encontraban desempleadas y quienes marcaron la opción de "otra" en actividad.

Cuadro 2.5

Ocupación	Promedio de calificación
Obrero	65.1429
Empleado	70.9762
Técnico	69.6522
Profesional	68.7923
Otra	66.2381
Estudiante	70.8106
Labores domésticas	73.4348
No trabajo	66.6667

Gráfica 2.10

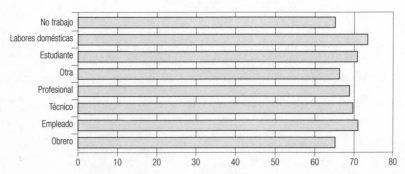

CONCLUSIONES

Los resultados de esta investigación no apoyan el postulado de la psicología evolucionista en cuanto a diferencias en cómo hombres y mujeres experimentan los celos. Para ambos, la posibilidad de una infidelidad sexual causa mayor molestia que la posibilidad de que su pareja se enamore de otra persona o comience otra relación emocional.

Variables consideradas en este estudio, principalmente la edad, estuvieron directamente relacionadas con el índice de celos anticipados de los participantes. Así, a mayor edad, menor expresión de celos y molestia ante las distintas situaciones del test.

El papel de la edad, el estado civil y la ocupación en la expresión de los celos ha sido poco estudiado. Sería recomendable continuar con la investigación de la importancia de estas variables y verificar si los resultados aquí encontrados se repiten en otras muestras. De igual manera, resultaría interesante conocer si existe alguna conexión entre el índice de celos anticipados y otros factores como satisfacción marital, satisfacción sexual, nivel de comunicación marital y tiempo de relación de pareja, entre otros.

CAPÍTULO TRES

Aprendiendo a manejar los propios celos

Cuando sentimos celos, confluyen en nosotros muchas emociones que pueden dificultarnos ver con claridad qué nos causa celos.

Pueden ser una expresión de inseguridad, miedo a ser rechazado/a, al abandono, a ser hecho/a a un lado, a ser inadecuado/a o a no ser suficientemente bueno/a para nuestra pareja, entre otras muchas cosas. También pueden expresar posesividad o manifestar la pérdida de algo que consideramos exclusivo.

Para muchas personas resulta útil hacer revisar qué situaciones pueden disparar nuestros celos y cómo reaccionamos ante éstas. Algunos saben que sus celos son un problema sólo en ciertas circunstancias, pero otros no han encontrado un patrón que los ayude a entender las situaciones o sucesos que hacen aflorar esta emoción. Así, para empezar incluimos un test con preguntas que nos permitirán saber qué tan intensamente vivimos los celos y de dónde pueden provenir.

Este cuestionario tiene dos partes. La primera se refiere a las situaciones que nos hacen sentir inseguros, celosos o molestos y se califica de acuerdo con la siguiente escala:

0 • • • 1 • • • 2 • • • 3 • • • 4 • • • 5 • • • 6

nunca • • • • • • • • • a veces • • • • • • • • siempre

		1	2	3	4	5	6
1	Me enoja que mi pareja comparta chistes y anécdotas con otras personas y no conmigo.						
2	Me molesta que mi pareja mire con atención a personas del otro sexo.						
3	Me molesta que mi pareja coquetee con otras personas.						
4	Me molesta que mi pareja comparta con otras personas cosas importantes que comparte conmigo.						
5	Me molesta que mi pareja tenga contacto con personas en las que podría estar interesado/a a nivel romántico.						
6	Me siento mal cuando mi pareja habla con entusiasmo de alguien a quien acaba de conocer.						
7	Me molesta que mi pareja tenga demasiadas atenciones con una persona del otro sexo.						
8	Me siento mal cuando mi pareja menciona que otra persona le resulta atractiva.						
9	Creo que hay muchas personas que quieren alejar de mí a mi pareja.						
10	Sospecho que mi pareja se siente atraído/a hacia otra persona.						
11	Temo que mi pareja esté demasiado interesado/a en otra persona.						
12	Temo que alguien quiera seducir a mi pareja.						
13	Sospecho que mi pareja ve en secreto a otra persona.						
14	Sospecho lo peor cuando siento que mi pareja me oculta cosas.						
15	Si alguien llama o envía un mensaje a mi pareja cuando estoy con él/ella, necesito saber de qué se trata.						

La segunda parte se contesta en función de esta escala:

0. Nunca

5. Alguna vez lo he hecho

10. Lo he hecho varias veces

		1	5	10
1	He revisado los mensajes o correos que recibe mi pareja.			
2	He confrontado a mi pareja cuando noto que mira a alguien más.			
3	He hablado mal de alguien que mi pareja encuentra interesante sólo para conocer su reacción o molestarlo/a.			
4	He confrontado a mi pareja cuando ha mencionado a sus parejas anteriores.			
5	He llamado a mi pareja sólo para verificar que estaba donde dijo que estaría.			
6	He visitado a mi pareja sorpresivamente para verificar que está donde dijo que estaría.			
7	He interrumpido conversaciones de mi pareja con otra persona cuando veo que a ella/él le puede resultar interesante.			

Para obtener el total, basta con sumar los puntos en cada una de las respuestas a las afirmaciones. En general, entre mayor sea el puntaje, más celosa es una persona.

Quienes tienen un puntaje de 0 a 60 puntos son personas con pocos problemas de celos en su relación; seguramente han aprendido a manejarlos mediante la comunicación constante con su pareja.

Quienes tienen de 61 a 110 puntos son personas para quienes los celos pueden resultar un problema en sus relaciones amorosas;

sobre todo cuando se permiten imaginar escenarios que entran en conflicto con sus inseguridades o han actuado dejándose llevar por esta emoción.

Quienes tienen **más de 111 puntos** son personas que pueden haber tenido relaciones cuyo conflicto principal fueron los celos; para ellas los celos dificultan y afectan otras áreas de sus vidas y pueden tener consecuencias directas sobre su salud.

Más importante aún que saber nuestra calificación global en el test, resulta conocer el tipo de preguntas o factores que nos causan mayor inseguridad. Las preguntas 1 a la 8 hablan de situaciones amenazantes que pueden disparar en nosotros sentimientos de celos. Muchas personas los experimentan en estas situaciones sin que se conviertan en un problema. Es decir, los celos que experimentamos cuando percibimos que algo o alguien puede hipotéticamente alejar de nosotros a nuestra pareja, son los que al principio describimos como funcionales. Sirven como alerta que podemos aprender a escuchar en caso de que la persona que amamos pudiera efectivamente iniciar una relación con alguien más. Sin embargo, incluso los celos funcionales pueden crecer desmedidamente y convertirse en un grave problema.

Las preguntas 9 a la 15, hablan de celos experimentados como sospechas y temores, la mayor parte de las veces infundados. Estas inseguridades se basan en escenarios imaginarios y pocas veces tienen que ver con la realidad. Son celos que atormentan a muchas personas cuando su pareja no actúa en la forma esperada o ante el más mínimo cambio en la relación. Por eso, si tenemos una pequeña duda sobre nuestra relación o nuestra pareja, estas ideas o pensamientos celosos seguramente nos conducirán a escenarios negativos donde toman forma todos nuestros miedos.

Estas inseguridades, por más alejadas de la realidad que parezcan, escapan de nuestro control si las dejamos crecer y convertirse en celos desmedidos. Es entonces cuando las comenzamos a
ver como realidades cada más posibles y no sólo como producto
de nuestra imaginación.

La segunda parte del test es quizá la más importante de este
análisis, pues representa todo lo que hacemos en función de los
celos. Es sin duda su aspecto más destructivo, pues quien actúa
en función de sus celos, no encuentra alivio y entra en una especie de círculo vicioso que sólo tenderá a complicarse y deteriorar
la relación de pareja. Por eso, más adelante hablaremos de cómo
es posible y deseable aprender a comunicar nuestros sentimientos, por más negativos que éstos nos parezcan, en lugar de actuar
en función del enojo o frustración que acarrean los celos.

Paso por paso

Aprender a manejar nuestros celos requiere, antes que nada, de
un ejercicio de autorreflexión que consiste en aceptarlos. Cuando
admitimos que ciertas situaciones pueden causarnos celos, admitimos que nuestra relación amorosa, por más sólida que sea,
puede estar sujeta a cambios o amenazas que nos hacen sentir
inseguros. Esto tiene un efecto positivo, pues reconocemos que
no podemos "dar por hecho" a nadie y que debemos trabajar
constantemente en pro de nuestra relación y para que el vínculo
formado perdure y se fortalezca.

Algunas personas pretenden asegurar que nunca sienten celos
cuando en realidad los experimentan. Entonces, las personas a

su alrededor pueden percibirlos como deshonestos, o peor aún, creerles y sentir que no tienen la necesidad de ayudarlos en sus momentos de inseguridad. Además, quienes experimentan celos y tratan constantemente de minimizarlos o decir que no existen cuando sucede lo contrario, acumulan emociones que tarde o temprano encontrarán una salida. Esto puede provocar conductas negativas o sentimientos intensos como ansiedad o depresión, que a la larga pueden llevarnos a enfermar o deteriorarnos físicamente.

Cuando negamos nuestros celos, podemos empezar a actuar en formas que no comprendemos. Los terapeutas llaman a esto *acting out*. En el caso de los celos, estas acciones pueden ser reclamos constantes, discusiones generadas por cualquier pequeño desacuerdo o el establecimiento de límites y reglas que, dictadas por capricho, imponemos a nuestra pareja como chantaje para conservar la relación.

Aprender a manejar nuestros celos implica aprender a sentirlos; implica escuchar, más allá del dolor o enojo, lo que intentan decirnos sobre nosotros mismos y nuestra relación (aunque, generalmente, los celos hablan más sobre nuestra propia personalidad que sobre nuestra pareja).

Sólo cuando nos permitimos sentir celos, descubriremos dónde y cómo nos están afectando. Este acto logra, por sí solo, reducir el poder que tienen sobre nosotros. Y significa sentir esta emoción dolorosa y no permitirle hacernos perder la razón, sino experimentar dolor, decepción, enojo y frustración provocados por los celos, sin que éstos controlen nuestra vida o destruyan nuestro vínculo con otra persona. Cuando somos capaces de afrontar nuestros celos en vez de huir de ellos, podemos ver con claridad lo que significan para cada uno de nosotros.

Las primeras veces que intentemos estar a solas con nuestros celos serán las más difíciles. Cuando sentimos una emoción tan fuerte, nuestro primer impulso es salir huyendo, culpar a otros o tratar de "sacar" nuestro enojo haciendo daño a otros, rompiendo cosas. Sin embargo, asumir los celos no disminuye su intensidad y mucho menos los hace desaparecer, sin contar con que nuestras acciones también pueden causar daños irremediables.

Cuando sentimos celos, es esencial preguntarnos qué los causa y de dónde provienen. Un buen principio es explorar nuestro pasado y el tipo de influencia que tienen en nuestro presente:

- Mis celos, ¿siempre han estado presentes o comenzaron con un suceso o relación de pareja específicos?
- ¿Recuerdo haber sido celoso/a cuando era niño/a?
- ¿Qué situaciones en mi infancia o adolescencia me provocaron celos?
- ¿Alguno de mis padres fue celoso?
- ¿Convivo con personas o amistades celosas?
- ¿Alguna vez he sentido que me traicionaron en una amistad o relación de pareja?

Una vez que contestamos estas preguntas, podemos comparar nuestras respuestas con las situaciones en que hemos experimentados celos en el presente. Es importante observar si las razones de nuestras inseguridades actuales son similares a las que nos provocaban celos en el pasado. Tal vez el modo en que nos comportamos ahora sea muy parecido al modelo de pareja que aprendimos de nuestros padres, de amistades o parientes cercanos. Tal vez también, nuestras reacciones están dictadas por un hecho doloroso de nuestro pasado familiar y amoroso.

Esta pequeña introspección nos ayudará a ir encontrando la raíz de nuestros miedos. Para completarla, es importante elaborar una lista de los momentos en que hemos sentido celos. Podemos ordenarla cronológicamente o de acuerdo con la intensidad de cada episodio. Es esencial, sobre todo, recordar el motivo que creemos provocó esos celos. Anteriormente mencionamos que pueden ser una expresión de inseguridad, miedo al rechazo, al abandono, ser una expresión de posesividad, entre otras cosas; a la vez, el test que incluimos, en su primera parte, contiene afirmaciones que pueden apuntar a una o más de estas situaciones específicas. A continuación presentamos un cuadro con las afirmaciones o situaciones vinculadas a algunas posibilidades, y posteriormente una explicación y reflexión sobre cada una de ellas.

Dependiendo de cada persona y de cada caso, se puede vincular cada situación de la primera parte del test a otra o varias posibles, por lo que no debemos hacer a un lado el análisis de lo que significan para nosotros en particular. Asimismo, debemos considerar que nuestros celos pueden ser reflejo de una circunstancia en particular o de varias que, cuando se entrelazan, hacen surgir esta emoción en nosotros.

	Situaciones de las cuales pueden provenir nuestros celos					
	Situación 1	Situación 2	Situación 3	Situación 4	Situación 5	Situación 6
Que mi pareja comparta chistes y anécdotas con otras personas y no conmigo.	✔					
Que mi pareja mire con atención a personas del otro sexo.	✔	✔		✔		
Que mi pareja coquetee con otras personas.		✔				✔
Que mi pareja comparta con otras personas cosas importantes que comparte conmigo.	✔				✔	
Que mi pareja tenga contacto con personas en las que podría estar interesado/a a nivel romántico.		✔	✔			✔
Que mi pareja hable con entusiasmo de alguien a quien acaba de conocer.			✔	✔		
Que mi pareja tenga demasiadas atenciones con una persona del otro sexo.	✔	✔			✔	✔
Que mi pareja mencione que otra persona le resulta atractiva.		✔	✔	✔		

Situación 1
Los celos pueden despertarse cuando existe un sentimiento de exclusión

Nuestros celos pueden aparecer cuando nos sentimos excluidos, cuando sentimos que las actividades o amistades que nuestra pareja tiene de algún modo nos hacen a un lado. Pueden ser el temor que sentimos cuando pensamos que tal vez nuestra pareja prefiere pasar más tiempo con otras personas que con nosotros y hace cosas diferentes e interesantes que no puede o quiere compartir con nosotros.

Cuando nos sentimos excluidos, a veces pensamos que no queremos que nuestra pareja haga ciertas cosas con otras personas cuando en realidad deseamos que también las haga con nosotros.

Mi novio tiene muchos amigos y amigas. Cuando empezamos nuestra relación, él salía mucho con ellos y eso me hacía sentir incómoda y celosa, sobre todo cuando me contaba lo bien que se la pasaba con ellos y las cosas que habían hecho juntos. Me imaginaba que eran personas muy especiales, inteligentes y que seguramente tendrían mucho más cosas en común con él que yo.

Lo que me ayudó a superar los celos fue pedirle a mi novio que me presentara con sus amigos y me invitara a salir con ellos de vez en cuando. Cundo los conocí, me di cuenta de que eran personas comunes y corrientes que no tenían problema en aceptarme en su grupo. Esto fue importante para mí porque sentí que mi novio estaba dándome un lugar importante en su vida y ante un grupo personas tan queridas por él (Sofía, 19 años).

Los celos por exclusión nos enfrentan, más que a otras personas, a todo aquello que no existe y nos gustaría que existiera en nuestra relación.

Durante mucho tiempo, cada vez que mi esposo volteaba a ver a una mujer en la calle o comentaba que alguna mujer le parecía atractiva, sentía que me hervía la sangre. Era insoportable escucharlo alabar a alguien que no fuera yo aunque fuera una actriz de la televisión; me parecía descarado y me hacía sentir como si estuviera pintada. Estando en terapia, hice una revisión de lo que estaba pasando en mi relación de pareja y me dí cuenta de que teníamos muchos problemas en la intimidad. Mi esposo había dejado de decirme cumplidos y era indiferente a muchas de las cosas que hacía para seducirlo. Yo, por mi parte, me había vuelto distante e insegura y eso a él le molestaba también. Cuando platicamos, muchas cosas cambiaron. Le prometí que trabajaría mucho en terapia para subir mi autoestima y le pedí que no se olvidara de decirme, de vez en cuando, que yo también le parecía linda. Ahora, cuando él ve a alguien en la calle ya no me molesta ni un poco de lo que molestaba antes. Me dí cuenta de que mi problema nunca fueron las "otras mujeres", sino las carencias que había en mi matrimonio (Julia, 53 años).

Revisar si los celos por exclusión tienen algún efecto en nuestra vida, incluye las siguientes preguntas:

- ¿Me siento excluido/a cuando mi pareja se relaciona con personas importantes para él como amigos o familiares?
- ¿Me molesta que mi pareja comparta anécdotas con otras personas antes que conmigo?
- ¿Me molesta que mi pareja tenga atenciones que no tiene conmigo, con otras personas?

Tomando en cuenta las respuestas que dimos a las preguntas anteriores, vale la pena analizar las siguientes:

- ¿Qué me gustaría que mi pareja compartiera conmigo tanto como con otras personas?

- ¿Hay cosas que me gustaría que mi pareja sólo compartiera conmigo?
- ¿Qué atenciones me agradan y me gustaría que siguiera teniendo mi pareja conmigo?
- ¿Hay atenciones o halagos que mi pareja tiene con otros que me gustaría tuviera conmigo?

Las respuestas a estas preguntas nos ayudarán a identificar en qué momentos o situaciones nos sentimos excluidos, nos permitirán, más adelante, considerar acuerdos que podremos integrar a la relación de pareja. Estos acuerdos deberán centrarse en nuestra relación más que en la de nuestra pareja con otras personas, y orientarse a la búsqueda de espacios y momentos de intimidad que consoliden la relación que hemos construido.

Situación 2
Los celos se pueden generar por una necesidad de competitividad

Los celos pueden asociarse a sentimientos de competitividad y con querer ser los/las número uno en la vida de quien amamos, especialmente en el ámbito sexual. Para hombres y mujeres, la idea de ser únicos y especiales para otra persona es un factor importante vinculado a la seguridad que queremos sentir en una relación; deseamos sentirnos amados y respetados por nuestra pareja y estar seguros de que no seremos sustituidos.

Cuando empecé a salir con mi novio, nos contábamos cosas que habíamos hecho con nuestras parejas anteriores, incluso en lo sexual. Él siempre tenía muchas más historias que contar y me di cuenta de que me ponía bastante celosa al enterarme que había hecho cosas con otras novias que yo siempre había querido hacer con alguien. Entonces, empecé a pensar que ya no sería la primera para él y que eso me haría menos especial. Sin embargo, comprendí que él estaba conmigo por algo y las cosas que hiciéramos de ahí en adelante serían especiales por ser *nuestra* primera vez. Cada suceso es diferente cuando estamos con personas diferentes y eso lo hace único. Me sentí mucho mejor cuando entendí eso. Además, a partir de ahí, decidimos no seguir hablando de nuestras pasadas "aventuras". No creo necesario saber ciertos detalles de la vida del otro, por más que lo ames. A veces un poco de intimidad resulta ventajoso (Heidi, 21 años).

Como Heidi, muchas personas han comprendido que no podemos calificar a otros con base en qué tanto saben o pueden hacer en la cama. Cada quien es diferente y su sexualidad y personalidad deben valorarse por separado. Sucede algo parecido con nuestras amistades: podemos querer a varias personas por razones distintas, porque aportan aspectos diferentes a nuestra vida o sus distintas personalidades se complementan entre sí. Podemos querer a más de una persona sin poder decir si alguna persona es "mejor" que otra.

Cuando la causa de nuestros celos es la competividad, deseamos ser la mejor pareja que ha tenido la persona con quien tenemos una relación. Esto no sólo es injusto para nosotros (nadie puede ser el "mejor" en todo y nadie cubre 100% las expectativas de una pareja) sino para quien ha elegido estar con nosotros y no con cualquier otra persona.

Para identificar los celos por competitividad, es importante hacernos las siguientes preguntas:

- ¿Siento que quiero ser el mejor en la vida de mi pareja?
- ¿Siento la necesidad de asegurarme que las mejores experiencias en la vida de mi pareja sean conmigo?
- ¿Siento que pierdo algo cuando mi pareja pasa tiempo con otras personas sin que yo esté presente?

Y para superar nuestro deseo o necesidad de competencia, vale la pena examinar lo siguiente:

- ¿Es necesario conocer todos los detalles de la vida del otro, especialmente en el aspecto romántico o íntimo?
- ¿Por qué y para qué veo necesario ser el primero en la vida de otra persona?
- ¿Podría categorizar a mis amigos y parejas anteriores sin ser injusto/a con ellos?
- ¿Qué ventajas tiene que exista diversidad de personalidad e intereses entre las personas que nos rodean?

Situación 3

Los celos pueden ser una expresión de inseguridad

Yo crecí con mis abuelos. Todas las personas importantes en mi vida parecían ir y venir, y la única figura constante para mí fue mi abuelo. Eso siempre fue fuente de inseguridad para mí y hoy día me doy cuenta de cuánto trabajo me cuestan los cambios. Creo que por eso nunca me he sentido seguro en una relación de amistad o romántica. Siento un miedo constante a que la persona

que amo se vaya y hago todo por que eso no suceda. El problema
es que en algún momento siempre me vuelvo dependiente, celoso a
la menor provocación y asfixiante, lo que a su vez hace que las personas a mi lado salgan huyendo (Juan José, 32 años).

Como Juan José, ciertas personas han desarrollado inseguridades que forman parte de su personalidad, pero son un obstáculo para establecer relaciones amorosas en las que se sientan
seguros de que nadie los abandonará o para convencerse de que
son capaces de amar y ser amados.

A veces, también, nuestra inseguridad proviene de experiencias pasadas que fueron dolorosas y nos ha costado superar:

Tuve una relación muy significativa para mí pero terminó por una
infidelidad. El proceso de separación fue muy doloroso y me costó
tiempo volverme a enamorar y confiar en alguien. Hoy tengo una
relación muy significativa con un hombre a quien amo mucho.
Sin embargo, al principio fue muy difícil que yo me sintiera bien.
Tenía mucha desconfianza de que lo que viví en mi relación anterior me volviera a pasar. Tenía miedo de que me lastimaran y me
volví muy celosa de repente. Sospechaba de todos y le reclamaba
a mi novio por cualquier cosa. Actualmente me siento mejor, pero
he tenido que trabajar mucho para superar mis inseguridades y
entender que todas las personas son diferentes, que mi novio no
es mi ex y que no todo el mundo hará algo para lastimarme (Patri-
cia, 27 años).

Cuando traemos algo de nuestras relaciones pasadas al presente, es importante admitirlo con honestidad para romper con

todo lo que nos ata a inseguridades que sería mejor dejar atrás. Quedarnos anclados en el pasado y justificar por ello ciertas conductas sin buscar cambiarlas es un error que puede costarnos una relación de pareja o dejarnos incapacitados para establecer relaciones afectivas exitosas.

Por otro lado, ciertas relaciones de pareja provocan en nosotros incertidumbre sobre el futuro o el papel que jugamos en ella. Esto fácilmente se traduce en celos e inseguridad:

Cuando empecé a salir con mi novia, decidimos tener una relación abierta. Ella veía a otras personas y yo también, pero me empecé a enamorar mucho de ella. No buscaba que nuestra relación fuera exclusiva, pero me preocupaba saber qué sentía ella por mí y qué podía esperar de la relación. Me daba miedo confesarle lo que sentía, pero al mismo tiempo tenía celos de los otros chavos y de lo que ellos pudieran querer. Cuando platicamos pusimos muchos acuerdos y reglas sobre la mesa. Ella me dijo que también sentía cosas por mí y estuvimos de acuerdo en considerar nuestra relación como la principal entre las demás. Eso, como por arte de magia, me quito todas las dudas y me sentí mucho más tranquilo. Descubrí que mi problema había sido la incertidumbre que de alguna manera sentí al inicio sobre el futuro de lo nuestro. Una vez aclarado el punto, nunca volví a sentirme inseguro (Oscar, 36 años).

Por último, si sentimos que nuestros celos pueden ser resultado de alguna incertidumbre respecto a nuestra relación de pareja, es especialmente importante hacer un esfuerzo por analizar la situación en la que se encuentra nuestra relación y cómo nos sentimos en ella. Algunas veces nuestros celos pueden ser una manifestación de inseguridad sobre lo que el otro siente por nosotros; es decir, podemos sentirnos inseguros si percibimos que nuestra pareja no corresponde nuestros sentimientos como alguna vez lo hizo o no está manifestando en la relación el mismo interés que nosotros. Ante una circunstancia como ésta, será necesario examinar si es posible y deseable continuar la relación y hacer los cambios que consideremos necesarios o si resultaría mejor, a la larga, darla por terminada:

No me considero una persona muy celosa, pero hace dos años tuve una relación que de un momento a otro me generó muchísima inseguridad. Era algo muy complicado de entender para mí porque todo había empezado bien entre nosotros y de repente un día ya nada me convencía del compromiso de ella con nuestra relación. Cualquier cosa que hacía con otras personas despertaba mis celos de inmediato. Yo me daba cuenta de que realmente todo era producto de mi imaginación y por eso no le reclamaba nada, pero sentía que la molestia crecía sin que yo pudiera evitarlo. Un día en que me sentía muy mal decidí sentarme a hablar con ella sobre nuestra relación y preguntarle qué expectativas tenía al respecto y cómo veía nuestra relación a futuro. Me di cuenta muy rápido de que no teníamos los mismos planes. Ella me dijo que, aunque al principio creyó que compartía mis planes sobre la relación, en ese momento ya no estaba tan segura. Decidí que lo mejor era darnos un tiempo para pensar las cosas; desde luego, nunca regresamos, pero me alegra haber terminado la relación antes de que termináramos frustrados y odiándonos el uno al otro (Miguel, 29 años).

Para reflexionar:

- ¿Que inseguridades tengo en respecto a mi pareja?
- Estas inseguridades, ¿se refieren sólo a mi pareja o se extienden a mis amistades y familia?
- ¿Siempre me he sentido inseguro/a en mis relaciones o esto comenzó con alguna relación en particular?
- ¿Tengo claridad sobre lo que siente mi pareja por mí y sobre lo que significo en su vida?
- ¿Temo ser abandonado/a?
- ¿Tengo alguna razón concreta para dudar de mi pareja?
- ¿Siento que me aprecio lo suficiente?
- ¿Tengo falsas expectativas sobre mi pareja?
- ¿Siento que vivo en el pasado (experiencias dolorosas, engaños, mentiras, etc.) más que en el presente?
- ¿Qué temo podría pasar si mi pareja se alejara?
- ¿De dónde provienen estas inseguridades?
- ¿Siento que mi pareja y yo ponemos el mismo esfuerzo y el mismo interés en nuestra relación?
- ¿Siento que la relación que tengo se ha deteriorado?
- ¿Que necesito para sentir mayor seguridad en mi relación de pareja?
- ¿Qué puedo hacer yo para sentirme más seguro/a en mi relación de pareja?
- ¿Cómo puedo pedirle a mi pareja que me ayude a sentirme más seguro/a en mi relación de pareja?
- ¿Qué obtengo si dependo de mi pareja para sentir que tengo una vida completa?

Situación 4
Los celos pueden representar nuestro miedo a no ser suficientemente buenos para una persona

Mi esposa es modelo. En el mundo en que se mueve conoce a mucha gente bella, y cuando conocí a sus amigos me sentí, la verdad, muy poca cosa. Fue como si de repente todo lo que consideraba valioso de mí fuera poco por no poseer un físico impresionante. Me empezó a dar celos que viera a sus amigos y discutimos varias veces por eso. De hecho, hubo un tiempo en que estuvimos separados, porque entonces yo no reconocía que mi celos eran una especie de complejo de inferioridad. Afortunadamente, el amor que le tengo me hizo abrir los ojos y buscar ayuda para superar mis miedos. Además, platicando con mis amigos me he dado cuenta de que las personas elegimos pareja en función de muchas cosas importantes, entre las que puede o no estar el físico que, a la larga, de todos modos cambia con la edad. Lo que queda y lo que importa es lo que sentimos por nuestra pareja y las cosas que construimos juntos (Jonathan, 41 años).

Nuestras inseguridades son especialmente difíciles de combatir cuando nosotros mismos, por así decirlo, nos saboteamos. Si tenemos frecuentes pensamientos negativos sobre nosotros, cada vez será más complicado "desprogramarnos" y empezar a creer en nuestras propias habilidades y cualidades. Desafortunadamente, cuando nuestra negatividad se vuelve una constante, terminamos convenciéndonos a nosotros mismos y a los demás de nuestra falta de valía y, paradójicamente, esta misma percepción, aunada a nuestros celos, pueden llevar a nuestra pareja a buscar otra persona.

Creer en nosotros mismos es un trabajo de autoconvencimiento constante. Implica ser objetivos y justos, darnos cuenta de que cada persona es capaz de aportar algo que otros pueden valorar. Seguramente hemos escuchado que, para amar a otros, es importante y necesario que primero aprendamos a estimarnos. Una relación saludable se beneficia si ambas partes conocen lo que aportan a la relación, de que tengan claros sus propios límites y sus errores, pero sin olvidar que sus virtudes y cualidades pueden hacerla exitosa.

Si sentimos que nuestros celos pueden tener su origen en alguna inseguridad no superada, vale la pena ser honestos con nosotros mismos y admitir que trabajar este aspecto puede ser esencial para ponerles fin. He aquí algunas preguntas que pueden servirnos de guía:

- ¿Temo que mi pareja me deje por alguien más inteligente o más atractivo?
- ¿Creo que mi pareja ve en mí más defectos que virtudes?
- ¿Constantemente siento que no soy suficiente para mi pareja o que ella/él no me merece?
- ¿Elijo a veces exagerar mis errores y minimizar mis logros? ¿Por qué?
- ¿Temo quedar en ridículo frente a mi pareja?
- ¿Temo no saber cómo ser una buena pareja?
- ¿Por qué considero necesario compararme con otras personas?
- ¿Qué cosas aporto yo a mi relación que me hacen especial?
- ¿Qué cosas pienso que mi pareja valora más de mí y por qué?

Situación 5
Los celos pueden ser generados por un sentimiento de pérdida de algo considerado sólo nuestro o exclusivo

A mí lo que siempre me dio celos fue este sentimiento de pérdida de algo que para mí es importante o valioso. Como cuando haces algo con alguien y piensas que es especial, pero luego esa persona empieza a hacerlo con alguien más. Por ejemplo, alguna vez tuve una novia con quien jugaba dominó y platicaba todos los fines de semana en un café cerca de mi casa. Para mí, ese momento de la semana y ese lugar específico tenían un significado especial porque era un modo de tener nuestro espacio y nuestro tiempo para estar solos. Cuando empezó a llevar a sus amigas a jugar con nosotros y supe que visitaba el café con otras personas, me sentí desilusionado y un poco celoso. Ahora que reflexiono, creo que tal vez para ella ese momento y lugar tenían un significado diferente que para mí; de hecho, estoy seguro de que ambos disfrutábamos de ese momento, pero mientras yo lo veía como un espacio exclusivo y personal, ella buscaba compartirlo por lo agradable que le parecía (Armando, 48 años).

Algunas personas fincan la seguridad de su relación en la existencia de una serie de momentos, situaciones, aspectos y detalles que consideran comparten (o deben compartir) de manera exclusiva con su pareja. Estas "cosas exclusivas" generalmente se viven como parte de un acuerdo que, si bien nunca expresado, se da por hecho en algún momento. A veces, ni siquiera la misma persona sabe que considera algo como exclusivo hasta que lo siente o ve perdido, hasta que los celos hacen su aparición. Así, un miembro de la pareja puede reclamarle al otro haber invitado a un amigo o amiga a ver una película que él o ella también quería ver y creyó que, por ser pareja, tendrían que ver juntos; o también, un hombre le puede reclamar a su pareja que comparta sus proyectos personales con sus amigas o familiares si él pensaba ser el único que los conocía y eso de algún modo lo hacía sentir especial.

La clave principal en estas situaciones es comprender que cualquier necesidad no expresada en nuestra relación de pareja de manera clara y abierta, no puede ser considerada por el otro o por ambos como un acuerdo. Del mismo modo, es importante tener en cuenta que algunas cosas consideradas especiales y que deseamos de manera exclusiva, quizá nuestra pareja desee compartirlas con otros. Así, la búsqueda de acuerdos deberá considerar las necesidades que ambas partes expresen. Sin embargo, primero debemos identificar cuáles son las situaciones o aspectos de nuestra relación que hasta ahora hemos considerado exclusivos o cuáles nos gustaría que fueran así. He aquí algunas preguntas que nos ayudarán:

- ¿Me enoja que mi pareja comparta buenos momentos con otras personas que no sea yo? ¿Por qué?
- ¿Siento que pierdo algo cuando mi pareja comparte cosas con otras personas?
- ¿Considero que paso momentos importantes con mi pareja y tenemos tiempo suficiente para estar juntos?
- ¿Temo perder a mi pareja si él/ella comparte cosas con otras personas?
- ¿Temo ser traicionado/a por mi pareja?
- ¿Qué podría pedirle a mi pareja, dentro de lo razonable, que compartiera sólo conmigo?

- ¿Qué siento que pierdo cuando mi pareja comparte cosas con otras personas?
- Cuando yo comparto cosas con alguien más, ¿siento que mi pareja también pierde algo?

Situación 6

Los celos pueden ser una expresión de posesividad o miedo
de perder algo que consideramos nuestro

Siento celos de mi novia todo el tiempo. Ella y yo pasamos mucho tiempo juntos y sé que no me es infiel, pero no tolero verla con otras personas. Cuando vamos juntos a algún lugar, me resulta insoportable ver cómo otros hombres la miran y la saludan. Me molesta que quieran conversar con ella, sobre todo cuando no participo de su plática. Si alguien le hace un comentario halagador, me pongo furioso. Siento como que la quiero para mí, toda para mí. Quisiera poder gritarles a todos "¡ella es mía!", pero no lo hago porque entiendo que es una locura, pero ganas no me faltan (Guillermo, 25 años).

Este último aspecto de los celos afecta a muchas personas. Se debe a su relación con el concepto que tenemos en nuestra cultura sobre las relaciones de pareja. A veces, sin que nos demos cuenta, llegamos a considerar a la persona que amamos como una posesión y creemos poder controlarla o sentimos la necesidad de participar en todas sus actividades, decisiones, proyectos, intereses, etcétera.

La realidad es que no podemos mantener a una persona a nuestro lado por la fuerza, ni controlar sus deseos. Ni siquiera el amor, por más fuerte que sea, es suficiente para que una pareja se quede a nuestro lado si ella no lo desea.

Las personas que sufren de celos por posesión buscan, por todos los medios, controlar a su pareja para que no se aleje. Paradójicamente, sus acciones logran exactamente lo contario, pues cuando una persona se sabe controlada, tiende a sentirse atrapada y asfixiada por los celos, los reclamos y la posesividad de su pareja. En esta situación, la persona celada querrá huir o encontrar una nueva relación.

Un dicho popular en Brasil afirma que lo que se aprieta con las manos, tiende a salirse entre los dedos. Es exactamente lo que sucede con las personas posesivas y celosas. No es raro, por ejemplo, encontrar individuos que parecen celar a sus parejas cada día más, a pesar de haberle coartado, gradualmente, sus actividades, amistades, afectos, intereses, etc. Esta coerción, desafortunadamente, puede terminar con cualquier sentimiento positivo que la persona celada haya tenido o tenga hacia su pareja.

Una persona posesiva puede carecer de autoconfianza o tener una baja autoestima, muchas veces resultado de promesas incumplidas de personas amadas. Por eso, un primer paso a dar para deshacernos de la posesividad, es contestar con honestidad estas preguntas:

- ¿Me siento amado/a por las personas que yo amo?
- ¿Las personas que amo muestran reciprocidad a mi sentimiento?
- ¿Siento que mi pareja y amigos me demuestran lo que sienten por mí? ¿Cómo?
- ¿Creo ser una persona que otros pueden amar?
- ¿Por qué es importante para mí sentir que poseo a mi pareja o amigos?

- ¿Cuáles son mis miedos respecto a mi relación de pareja?
- ¿Ante qué sucesos o detalles suelo reaccionar posesivamente?
- ¿Cómo creo que se siente mi pareja ante mis celos?

Desde luego, cada experiencia relacionada con nuestros celos puede referirse a un aspecto diferente; es decir, nuestros celos pueden surgir como consecuencia de un combinación de "disparadores" o existir un "disparador" diferente para cada situación. Lo importante aquí es identificarlos para saber cómo combatirlos.

De hecho, muchas personas sienten un alivio inmediato al identificar lo que está detrás de sus celos, como si "les quitaran una piedra de encima". Justo en ese momento los celos pierden el poder abrumador que sentimos poseen sobre nosotros y vemos con claridad lo que significan. Con este conocimiento podemos empezar a realizar acciones específicas para combatirlos.

SENTIR LOS CELOS

Moore, en el libro *Care of the Soul* (*Cuidado del alma*, 1992), dice:

> el único escape a los celos es pasar por ellos. Tal vez tengamos que dejar que los celos nos ataquen y hagan su trabajo al obligarnos a reorientar valores fundamentales. El dolor que los acompaña proviene en parte de la apertura de territorios inexplorados y del abandono de viejas verdades con las que nos hemos familiarizado y enfrentarnos a posibilidades amenazantes y desconocidas.

Cuando sentimos celos, y durante el proceso en que vamos reconociendo de dónde provienen o qué los dispara, es importante aprender a sentirlos. Sólo experimentando los celos podemos saber exactamente cuáles son los miedos que los provocan y cómo podemos disiparlos.

Al inicio decíamos que permitirnos sentir celos es el primer paso para quitarles el poder que les hemos dado en nuestras vidas. Dejar que se hagan presentes puede ser muy amenazante y doloroso, podemos incluso pensar que hemos dejado que el enemigo avance y tome ventaja; pero sentir nuestros celos es la única oportunidad de aprender a no actuarlos y a no tomar decisiones que nos puedan perjudicar.

Los celos son una emoción que algunas personas viven con mucha intensidad y dejar que ésta fluya puede ser una tarea difícil. Algunos terapeutas recomiendan echar mano de algunas técnicas de relajación, pues al hacerlo nuestras palpitaciones y nuestra presión sanguínea disminuye, llega más flujo de sangre a nuestros músculos, mejora la concentración y se reducen tensión, ansiedad, enojo y frustración pero, sobre todo, se eleva la confianza en nuestras habilidades para resolver y manejar conflictos.

La sola respiración repetida, profunda y prolongada puede ayudar a sentirnos más tranquilos, pero podemos aprender tantas técnicas como necesitemos. He aquí algunas de las más populares entre terapeutas y expertos en el tema:

- *Relajación progresiva.* Esta técnica funciona mejor si grabamos las instrucciones con nuestra propia voz para reproducirlas cuando las necesitemos:
  - ◆ Acostada/o boca arriba, de preferencia en una cama, cierra los ojos.

◆ Siente tus pies. Siente el peso que tienen. Concéntrate en relajarlos y siente cómo su peso hace que se hundan en la cama.

◆ Concéntrate ahora en tus tobillos, siente su peso y cómo se hunden poco a poco.

◆ Sigue estos pasos con cada parte de tu cuerpo: las pantorrillas, las rodillas, las piernas, las nalgas, los brazos, las manos, los hombros, el cuello, la cabeza, la quijada, la boca, los ojos y cualquier otra parte que sientas que necesita relajarse. Termina por revisar de nuevo cómo se encuentra tu cuerpo y relaja conscientemente cualquier parte que notes tensa.

• *Respiración profunda.*

◆ Empieza respirando por la nariz. Llena la parte baja de tus pulmones, después la de enmedio y por último la alta. Este proceso debe ser lento y durar entre 8 y 10 segundos.

◆ Mantén el aire en tus pulmones durante unos dos segundos.

◆ Suelta el aire muy despacio (cuenta hasta 15 para que tus pulmones se vacíen) mientras haces un esfuerzo consciente por relajarte.

◆ Espera unos segundos y vuelve a respirar repitiendo el ciclo. Si empiezas a sentir mareo, lo estás haciendo muy rápido.

• *Imaginación guiada*: el objetivo de esta técnica es imaginarnos en un escenario tranquilo:

◆ Sobre la espalda y con los ojos cerrados, imagina un lugar tranquilo o recuerda uno que hayas visitado y en el cual te puedas relajar. Puede ser un lugar junto al océano o en las montañas.

◆ Imagina que estás ahí: imagina todos los detalles que te rodean y qué temperatura, sonidos y aromas están presentes.

◆ Respira profundo y disfruta el escenario el tiempo que lo necesites.

Durante estos ejercicios, debemos concentrarnos en relajarnos y respirar, dependiendo de la intensidad de nuestros celos podemos sentir que emociones como la tristeza nos invaden. Puede ser una buena señal si recordamos la importancia de entrar en contacto con lo que sentimos para entender mejor de dónde proviene. Además, la aparición de la tristeza o el dolor significa que hemos hecho a un lado, temporalmente, nuestro enojo, y podemos empezar a identificar y actuar en función de las emociones que la ira, muy probablemente, estaba ocultando.

En este proceso debemos aprender también a separar nuestros celos del resto de nuestra persona. Es decir, identificar la parte de nosotros que siente miedo o inseguridad y no dejar que este sentimiento nos invada por completo y afecte nuestro juicio. Este proceso se conoce como *disidentificación* y se vuelve más sencillo conforme aprendemos a practicarlo.

DETENER LOS CELOS

El siguiente paso es aprender a detener cualquier pensamiento destructivo al cual pudieran llevarnos. Nuestra imaginación no tiene límites, y aunque esto puede ser una ventaja para los seres humanos, también puede traer consecuencias negativas cuando dejamos que nuestros pensamientos nos lleven a lugares y escenarios catastróficos.

Recordemos, por ejemplo, la última vez que alguien dijo que llamaría o llegaría a cierta hora y no lo hizo. Tal vez no supimos nada de esa persona por horas o días y creímos que probablemente algo malo le había sucedido. Nuestra mente pudo haber imaginado cosas terribles, lo cual seguramente incrementó nuestra preocupación al máximo. En muchos de estos casos, descubrimos después que la persona estaba bien y nuestra preocupación fue en vano.

Esto mismo puede suceder con los celos cuando nos dedicamos a imaginar todas las posibles situaciones en las que nuestra pareja nos es infiel o en las que otra persona intenta alejarla de nosotros. Nuestros celos crecen como consecuencia del rumbo que toman nuestros pensamientos, y cada vez que nos atacan, resulta más fácil imaginar lo peor.

Daniel Amen, en su libro *Change Your Brain, Change Your Life* (*Cambia tu cerebro, cambia tu vida*), recuerda que todos nos hablamos a nosotros mismos todo el tiempo. Si llenamos nuestros pensamientos de historias y fantasías negativas, se quedaran dando vueltas en nuestra cabeza, por así decirlo. Entonces, cuando nuestra pareja habla con entusiasmo de otra persona, nos es fácil imaginar no sólo un rival potencial, sino que invariablemente terminará nuestra relación para iniciar otra con él o ella.

Nuestro cerebro no puede discernir, a la larga, si todas las historias que creamos son ciertas, por lo que nuestras inseguridades encuentran el medio perfecto para seguirnos atacando. Entonces, nuestros celos tomaran con el tiempo proporciones inimaginables, sustituyendo la realidad. Por eso muchas personas viven entre constantes reclamos a su pareja ante cualquier asomo de duda o percepción de amenaza.

Sin embargo, el alcance de nuestra imaginación puede actuar en beneficio nuestro si la orientamos hacia definiciones más positivas. Por ejemplo, un ejercicio que ha probado ser efectivo para muchas personas es identificar alguna frase o pensamiento que tenga el poder de recordarnos cómo poner las cosas en perspectiva. Esta frase es una especie de mantra que podemos repetir varias veces para ayudarnos a centrar nuestra experiencia y a considerar razonablemente la situación por la cual estamos pasando:

Yo estoy consciente de que los momentos en los que me he sentido más celosa es cuando mi novio sale de fiesta con sus amigos. Al principio de la relación esas situaciones se convertían en noches horribles en que me la pasaba pensando si no estaría ligando con alguien más. No podía ni dormir hasta que no me hablaba desde su casa para decirme que ya había llegado. Era desgastante y absurdo, porque cualquier cosa que él hubiera hecho a mis espaldas, de haber sido así, probablemente no me lo diría, además de que nunca podría evitar que sucediera por más celos que sintiera. Cuando entendí eso, adopté esa idea para repetírmela cuando empezara a sentirme molesta o insegura: "De todos modos, si él va a hacer algo, lo va a hacer y no hay nada que pueda evitarlo". Poco a poco, he ido dejando de preocuparme. Todavía sale con sus amigos y me da algo de celos, pero me recuerdo esto todo lo que puedo y al final me siento más relajada (Regina, 26 años).

Algunos otros pensamientos o ideas que pueden ayudarnos son:

- *Mi pareja me ha dicho que me ama y no desea estar con nadie
  más.* Si nuestra pareja ha expresado sus sentimientos hacia
  nosotros y no tenemos duda de su honestidad, podemos
  decidir creer en su palabra y dejar atrás las dudas que puedan asaltarnos. Así, independientemente de las personas
  que pueda conocer o con quién decida relacionarse, podemos estar seguros de que lo que sentimos por nuestra
  pareja es ampliamente correspondido y nuestra relación
  no corre peligro.

- *Mi pareja me ha elegido a mí y no a otra persona.* Cuando las
  dudas nos asaltan, es muy fácil pensar que nuestra pareja
  podría enamorarse de alguien más inteligente o más atractivo o que podría dejarse seducir fácilmente por otra persona. Este tipo de pensamiento nos lleva a considerar a
  cualquier persona un rival potencial y a temer que quien
  amamos nos abandone. Por eso, recordar que nuestra
  pareja ha elegido libremente estar con nosotros y no con
  alguien más, ayudará a darnos cuenta de lo que significa-
  mos para ella y de la importancia que seguramente tenemos en su vida.

- *Mis celos no tienen el poder de retener a una persona.* Como
  ya hemos mencionado, ni todo el amor ni toda la atención del mundo pueden conseguir la lealtad de alguien.
  Por más que celemos a una persona, si no quiere estar a
  nuestro lado, no podremos evitarlo. El amor y la lealtad se
  basan, ante todo, en nuestra libertad para decidir con quién
  queremos estar y en qué momento deseamos tomar otro

camino. Nuestros celos e inseguridades no harán nada por retener a una persona; por el contrario, la confianza de saber que él o ella está con nosotros porque así lo desea, nos dará la tranquilidad que los celos no pueden darnos.

- *Si lo permito, mi imaginación puede presentarme situaciones que lograrán despertar mis miedos.* Los escenarios que se nos presentan en los momentos en que más nos abruman los celos pueden fácilmente conjuntar nuestros peores temores. La mayor parte de la veces, cuando imaginamos lo peor, lo que sucede en la realidad no se le asemeja en nada. Dejar de preocuparnos por las cosas que no podemos controlar y dejar de considerar situaciones que sólo existen en nuestra imaginación, requiere de un esfuerzo constante por detener el curso de un pensamiento que sabemos puede volverse destructivo. Sin embargo, sólo mediante este ejercicio de tomar conciencia sobre el poder que podemos otorgarle a nuestros miedos, entenderemos la capacidad que tenemos de manejarlos a nuestro favor.

HABLAR, NO ACTUAR

Muchos hemos escuchado una leyenda urbana que nos advierte sobre los peligros de dejarnos llevar por las emociones que generan los celos antes de escuchar a la razón:

Un hombre casado con una hermosa mujer a quien ama mucho, comienza a sospechar de las actividades de ella. Pasa fuera de la casa más tiempo del que parece necesario y recibe llamadas extrañas. Un día, el protagonista se da cuenta de que quien ha estado llamando a su esposa es un hombre, por lo que decide escuchar la conversación entre ellos la siguiente vez que su mujer contesta el teléfono. Ella parece emocionada de recibir la llamada y la plática que sostiene gira en torno a acuerdos y citas para seguir conversando en privado. Los celos del hombre crecen de un momento a otro, y cuando su esposa le pide al extraño que la visite en su casa al día siguiente y durante el tiempo en que se encontrará sola, el hombre decide espiarla para descubrir su infidelidad *in fraganti*. Así, abandona su trabajo y va a su casa a la hora en que su mujer estará con aquel hombre. Para su desgracia, nunca anticipa que su rival será un hombre rico y exitoso, como lo demuestra el coche convertible estacionado frente a su casa y que es, para colmo de su mala suerte, el coche de sus sueños.

El hombre siente ahora que sus celos han llegado a un punto insoportable; quiere vengarse del otro hombre y darle una lección a su ella. Mientras su rival sigue con su mujer, el protagonista regresa a su trabajo en una construcción para tomar un camión revolvedor de cemento y manejarlo hasta su casa. Ha decidido vaciar el contenido del camión en el coche de aquel hombre. La venganza perfecta.

Apenas llega comienza a destrozar el convertible. El ruido del cemento cayendo sobre el coche alerta a su mujer, quien sale corriendo de su casa seguida por un hombre de traje, ambos haciéndole señas para que se detenga, pero es demasiado tarde: el coche se ha vuelto inservible.

Satisfecho con su hazaña, el protagonista confronta a su mujer, sólo para descubrir que el hombre en su casa es en realidad un vendedor de coches que ha traído el modelo que su mujer, después de mucho ahorrar, ha comprado para su esposo.

Esta historia nos muestra los terribles efectos que pueden surgir de una situación en la que alguien se deja llevar por sentimientos negativos que provocan los celos y busca vengar la ira y la frustración que se experimentan cuando se cree perdido algo que se ama.

Incluso si el hombre de la historia hubiera encontrado que efectivamente su esposa era infiel, actuar en función de los celos y no de la razón no hubiera resuelto nada ni aliviado su dolor y muy probablemente hubiera complicado la situación.

Si nos hemos dejado llevar alguna vez por esta emoción, entenderemos que nuestras acciones estuvieron lejos de ser una solución a nuestro problema. De hecho, la mayor parte de las veces, dejar actuar a los celos sólo crea más problemas y más hostilidad por parte de las personas involucradas.

Al inicio de mi relación, viví un terrible episodio de celos. Estaba destrozada y furiosa. Me sentía como enjaulada en mi propio cuerpo y me desquite con mi pareja. Lo agredí físicamente. Afortunadamente, la cosa paró ahí y no hubo ningún daño permanente, pero yo aún vivo con el remordimiento de lo que hice. Nunca se puede justificar la violencia por ningún enojo, y desde luego ésta no resuelve nada. Creo que aquella agresión me dolió más a mí, pero sirvió para sacudirme, para hacerme reflexionar sobre mis inseguridades. Hoy veo con claridad que es mucho mejor respirar hondo y hablar civilizadamente. Ahora, cada vez que los celos quieren asomarse en mi relación, me acuerdo de lo que hice y de lo terrible que puede pasar si te dejas perder la razón (Daniela, 33 años).

Sólo alguien que ha experimentado celos puede comprender lo desastroso que puede ser este sentimiento. Quienes viven esta emoción y dejan que controle su vida y sus acciones, muy fácilmente pueden encontrarse en situaciones peligrosas. No es siquiera necesario mencionar que existen casos, en casi todos los países del mundo, en que alguien ha llegado a matar por celos; no sólo a quien amaban, sino a más de una persona inocente.

Ruge y Lenson (2003) dicen que un número importante de estudios a nivel mundial confirman que los celos, especialmente los masculinos, son la primera causa de homicidio: constituyen 50% de asesinatos en el mundo. Desde luego, los pasos que llevan a una persona a asesinar a su pareja no se vinculan directamente con los celos sino con un mal manejo de los mismos. Esto es, las personas no matan sólo por efecto de los celos (si esto bastara, todos mataríamos alguna vez): se requiere que alguien los deje crecer al punto de tornarse insoportables y se pierda contacto con cualquier pensamiento razonable.

Cuando sentimos celos tan intensos, vemos nuestra situación como desesperada y asfixiante y podemos sentir que tendremos alivio si recurrimos a la venganza; creemos que los celos se irán al actuar bajo su influencia. Sin embargo, dejar actuar a los celos nunca es la respuesta a nuestros problemas. La clave, entonces, está en hablar en vez de actuar. Por eso, una vez que hemos aprendido a reconocer, sentir y analizar de dónde provienen nuestros celos, es tiempo de aprender a comunicarlos.

Antes que nada, hablar sobre nuestros celos implica el reconocimiento de dos aspectos importantes:

- Qué sentimientos y emociones evocan en nosotros; por ejemplo:
  - Enojo
  - Frustración

- ◆ Tristeza
- ◆ Desesperación
- ◆ Confusión
- ◆ Dolor
- ◆ Sorpresa
- ◆ Decepción, etcétera.
- Qué necesidades podemos identificar a través de ellos; por ejemplo:
  - ◆ Necesidad de reafirmación por parte de nuestra pareja. Si percibimos que nos ayudaría saber o reafirmar lo que siente nuestra pareja por nosotros.
  - ◆ Necesidad de pasar más tiempo con nuestra pareja. Sobre todo cuando este tiempo lo podemos aprovechar para acercarnos y compartir intereses.
  - ◆ Necesidad de replantear algunos aspectos de la relación. Cuando sentimos que debemos plantear o replantear acuerdos en función de nuestras necesidades, cuando sabemos que éstas han cambiado con el tiempo.

Expresar lo que sentimos no siempre es fácil, especialmente cuando se conjugan sentimientos negativos intensos, como en los celos. Sin embargo, sólo reconociendo y expresando lo que sentimos podemos empezar a disminuir el poder que estas emociones abrumadoras pueden provocarnos.

Para la persona celada, escuchar que su pareja siente celos puede ser una situación difícil de manejar. Esto se debe a que algunas situaciones que nos causan celos o dudas provienen de malentendidos o son producto de nuestra imaginación, sin estar basadas en hechos reales. Por eso, la persona celada puede ver como absurdas algunas razones por las cuales sentimos celos, y por tanto, actuar a la defensiva. Por eso cuando comunicamos que nos sentimos inseguros ante cierta circunstancia, debemos ser cuidadosos con las palabras y la forma, de modo que quien nos escucha no se sienta amenazado.

Antes de iniciar una conversación con nuestra pareja, Devon (2009) propone una pequeña reflexión en torno a nuestro sentir y destaca la importancia de:

- Aceptar y responsabilizarnos de nuestros celos.
- Aceptar que aprender a manejar nuestros celos es el único camino para lograr una relación más sana.
- Comprometernos con nosotros mismos a trabajar nuestras inseguridades.
- Aceptar dejar atrás los dolores y rencores que hemos acumulado.
- Dejar atrás la etiqueta de "víctima": independientemente de cómo nos sintamos, nuestras acciones y emociones son responsabilidad de nosotros y de nadie más.
- Aceptar que podemos sentir miedo pero rechazar la idea de dejarnos paralizar por éste. La valentía implica actuar aun a pesar de nuestros temores.
- Dejar de preocuparnos compulsivamente: nadie puede predecir el futuro y ninguna preocupación puede cambiarlo.
- Aprender a confiar en nuestra pareja.

Cuando nuestros celos son originados por situaciones que pueden ser modificadas sin que alguna de las partes sienta que pierde algo al hacerlo, es importante llegar a acuerdos que incidan directamente sobre lo que nos molesta.

He aquí algunos ejemplos de acuerdos a los que podemos llegar:

- *Designar un tiempo a la semana o al día para pasarlo en pareja cuando alguna de las dos partes tiene diversas actividades o compromisos sociales.* Si nos sentimos distanciados, es más fácil que las inseguridades nos ataquen. Buscar un tiempo exclusivo para hablar y compartir lo que está sucediendo en la vida de cada quien puede ayudarnos a sentir más seguros sobre cómo está funcionando la relación.

- *Conocer a las amistades de nuestra pareja y que nuestra pareja conozca a las nuestras.* Cuando los celos nos invaden, podemos hacernos ideas equivocadas sobre las personas con las cuales se relaciona nuestra pareja y, en algunos casos, hasta exagerar sus cualidades y verlos como rivales. Muchas personas se dan cuenta de que no tiene de qué preocuparse cuando conocen el círculo de amistades de la pareja.

- *No hablar sobre nuestras relaciones pasadas.* Incluso para quienes tienen más experiencia en el manejo de los celos, demasiados detalles sobre el pasado romántico de nuestra pareja (sobre todo sexual), puede ser amenazante. Desde luego, cada persona es distinta, y habrá quienes no tengan problema en conversar al respecto, pero para tener una relación de pareja exitosa, no es necesario conocer absolutamente todos los detalles de la vida del otro.

- *Crear exclusividades.* A veces existen momentos o situaciones que preferiríamos compartir en pareja. Pueden ser cosas sencillas como ir a un museo, a un concierto o al cine, pasar juntos el domingo, compartir un libro, etc. Son cosas en las que preferiríamos no involucrar a otros o no hacerlo sin antes compartirlas en pareja; y aunque muchos de nosotros las damos por hecho, pocos las hemos expresado abiertamente, provocando malentendidos y disgustos. Si hemos pasado por esto, es buena idea aprovechar la experiencia para conversar en pareja y llegar a acuerdos que ambos consideremos adecuados.

Es muy importante destacar que cualquier acuerdo con nuestra pareja debe, necesariamente, basarse en el respeto a la individualidad y deseos del otro. Sería injusto, incluso inútil, pedirle a nuestra pareja cosas como:

- Que se aleje de sus amigos o familiares.
- Que trate de que otros modifiquen su conducta.
- Que abandone sus intereses o aspiraciones.
- Que modifique un aspecto de su personalidad o apariencia.
- Que ignore sus propias prioridades o principios.

Al inicio del libro mencionamos que los celos son responsabilidad de quien los siente. Ello significa que por más que nuestra pareja cambie para tranquilizarnos, nunca superaremos nuestras inseguridades si no trabajamos activamente para lograrlo.

Comunicar nuestros celos efectivamente requiere de cierto aprendizaje, pero tendremos éxito si:

- Sentimos que nos hemos "quitado un peso de encima" al compartir lo que sentimos.
- Nos sentimos más cercanos a nuestra pareja.
- Nos sentimos escuchados y comprendidos.
- Podemos hacer "borrón y cuenta nueva".

- Abrimos un canal de comunicación, al que podemos recurrir cuando lo necesitemos.
- Nos tranquilizamos al saber lo que verdaderamente piensa y siente nuestra pareja.

El obstáculo a vencer: la ira

Cuando sentimos celos, como hemos visto hasta ahora, albergamos emociones que pueden volverse abrumadoras para la mayoría de las personas. Esta convergencia de emociones puede complicar el entendimiento de lo que nuestros celos significan para nosotros. Cuando tememos perder a quien amamos, más allá de la ansiedad, la frustración y el dolor, está presente el enojo: de hecho, es la primera emoción que somos capaces de identificar y expresar.

Culturalmente, hombres y mujeres aprendemos a demostrar dolor y enojo de distintas maneras pero, curiosamente, ambos géneros vinculamos ambos sentimientos. En una investigación realizada en 2003 por el Instituto Mexicano de Sexología, se preguntó a 500 estudiantes de distintas universidades, entre otras cosas, por qué situaciones creían que sufría un hombre (o sufrían ellos), por cuales sufría una mujer (o sufrían ellas) y cómo lo expresaba cada género. Una de las principales razones de sufrimiento, de acuerdo con los participantes, son las relaciones amorosas; sin embargo, señalaron que existen diferencias en el modo de expresar este dolor. Las mujeres expresan el sufrimiento, principalmente, llorando, pero también recurren al enojo y al aislamiento. Los hombres expresan el dolor, en primer lugar, mediante el enojo, seguido de la agresión, el consumo de alcohol y en último lugar el aislamiento.

Estos datos nos pueden ayudar a comprender el papel que juega el enojo en la expresión de los celos: cuando llegan a nuestras vidas y nos afectan de tal modo que causan sufrimiento, el enojo es la emoción por la que a veces optaremos para expresarlos. Desafortunadamente, actuar en función de la ira no resuelve el sentimiento o situación que la causa, especialmente en el caso de los celos, y las decisiones que adoptemos pueden poner en riesgo nuestra relación y nuestras vidas.

Algunos autores han descrito el papel del enojo en nuestras vidas y su importancia en la evolución de los seres humanos. Por ejemplo: nuestros ancestros pudieron recurrir al enojo para competir por comida y otros recursos, para competir por una pareja y para alejar a los enemigos. Sin embargo, en la actualidad hemos aprendido que aunque es parte de nosotros y cumple cierta función en nuestra vida (por ejemplo, alertarnos de los peligros), el enojo no es una emoción que no podamos controlar, especialmente si deseamos preservar nuestras relaciones sociales.

Ruge y Lenson (2003) dicen que el enojo, como los celos, se alimenta de sí mismo y es altamente adictivo; cuando permitimos que controle nuestras relaciones damos pie a una forma ineficiente y poco civilizada de funcionar en la vida, con el riesgo de dejar que destruya todo que consideramos importante. Como los celos, el enojo puede controlarse, incluso cuando estas dos emociones aparecen juntas y su poder parece potenciarse.

Un primer paso en el manejo del enojo, es entender su origen y el lugar que dejamos ocupe en nuestras vidas. Todos podemos enojarnos de vez en cuando, pero para ciertas personas el enojo puede convertirse en un problema mucho mayor que el que dio origen a esta emoción. Esto puede deberse a la existencia, en la persona, de poca tolerancia a la frustración, y la critica o poca capacidad de autocontrol ante ciertas circunstancias.

Una persona para quien el manejo de sus emociones, especialmente el enojo, es difícil, tenderá a tener conflictos a nivel laboral y personal, con el riesgo de lastimar a los que la rodean y de sufrir ciertas enfermedades (como un ataque al corazón). Por otro lado, alguien que no expresa su enojo, puede acumular otros problemas y convertirse en una persona negativa, hostil y pasivo-agresiva (que lastima y agrede a otros indirectamente). Ese último caso también puede acarrear problemas de salud, como lo reportó Iribarren y cols. (2000) quienes encontraron que una personalidad hostil y negativa es un factor de riesgo para el desarrollo de arterioesclerosis (enfermedad caracterizada por el endurecimiento y estrechamiento de las arterias, que puede progresar hasta impedir el flujo de la sangre).

Existen muchos instrumentos o inventarios que nos ayudan a conocer qué tan bien hemos aprendido a manejar situaciones de frustración o estrés. A manera de ejercicio, consideremos las siguientes situaciones y reflexionemos sobre cómo hemos actuado ante ellas —si se nos han presentado alguna vez— o cómo actuaríamos en determinadas circunstancias. Califiquemos al final de cada una nuestra reacción en función de la siguiente escala:

0: No sentiría enojo.

1: Sentiría una pequeña molestia.

2: Me sentiría moderadamente molesto/a.

3: Me sentiría muy enojado/a.

4: Me sentiría furioso/a.

a) Estoy trabajando en un proyecto urgente con alguien que tiene mucho menos experiencia que yo. Desde el inicio trazamos un plan de trabajo que él o ella ahora quiere cambiar para incluir un procedimiento que a mi parecer no funcionará. Aun así, esta persona insiste en hacerlo y probarlo. ___

b) Estoy manejando detrás de un coche cuya velocidad es mucho menor que la del resto de los autos. Tengo prisa por llegar y quisiera rebasarlo, pero de momento la calle por la que circulamos hace esto imposible. ___

c) Estoy en una cafetería donde compré tres tazas de café que llevo con mucho cuidado. En ese momento, un niño pasa corriendo y tira una de ellas al piso. ___

d) Estoy en mi oficina cuando, intentando sentarme, resbalo de la silla y caigo al suelo. Algunos de mis compañeros comienzan a burlarse de mi torpeza. ___

e) Presté uno de mis discos favoritos a un amigo y me lo regresó una semana después del día en que había prometido hacerlo. Para colmo, la caja en la que venía el disco está maltratada. ___

f) Después de arreglarme para una reunión importante, salgo de mi casa y piso un chicle en la calle. ___

g) Estoy discutiendo con una persona que insiste en contradecirme en un tema que es obvio que conoce muy poco. ___

h) Estoy en la biblioteca leyendo un libro y tratando de concentrarme cuando escucho que alguien cerca de mí empieza a golpetear repetidamente una mesa con los dedos. ___

i) Salgo del trabajo esperando llegar a mi casa y relajarme mientras veo mi programa favorito en la televisión. Cuando llego al estacionamiento, veo que mi coche está atrapado entre otros dos y me resultará imposible salir sin que éstos se muevan primero. ___

j) Un amigo me pide mi teléfono celular para hacer una llamada que me dice que es importante, pero tarda bastante tiempo en colgar y descubro que, además, fue larga distancia. ___

Resultados

Si calificamos la mayor parte de nuestras respuestas (7 u 8) con 3 o 4, es probable que no resulte sorprendente darnos cuenta de que ciertas circunstancias pueden hacer que nuestro enojo crezca hasta hacernos sentir que podemos "perder la razón".

Cuando esto sucede, es importante aprender a detenernos y considerar nuestras opciones. Parte del aprendizaje en el manejo de nuestras emociones, como en el caso de los celos y el enojo, es buscar opciones que no impliquen acciones que puedan tener consecuencias negativas para alguien. Hay que recordar que somos dueños de nuestras emociones, y por tanto, somos responsables de lo que hacemos con ellas. Pensar que la ira es un pretexto para actuar de modo irracional y lastimar a otros, necesariamente acarreará graves problemas y aumentará los que ya tenemos. En otras palabras, vale enojarse, pero no se vale agredir.

La Asociación Americana de Psicología hace algunas recomendaciones muy útiles que podemos poner en práctica para mejorar nuestro control del enojo en situaciones que podríamos estar en riesgo de perder el control sobre esta emoción:

- *Relajación*: algo tan sencillo como respirar profundamente y recordarnos constantemente que debemos y podemos "tomar las cosas con calma" puede ser un ejercicio suficiente para disminuir nuestra frustración. Actividades como la práctica del yoga o la meditación, pueden ayudarnos a relajar nuestro cuerpo ante situaciones adversas.

- *Restructuración cognitiva*: nos ayuda a cambiar nuestro modo de pensar cuando nos enojamos; implica cambiar nuestras actitudes al respecto. Por ejemplo, si acostumbramos insultar o tener pensamientos derrotistas (como "esto está arruinado", "no puedo hacer nada bien" o "todo me sale mal") podemos intentar pensar que, aunque, las cosas nos salieron mal, no es "el fin del mundo" o que tal vez podemos encontrar la manera de arreglarlas. Pero sobre todo, es importante recordar que enojarnos constantemente puede tener consecuencias importantes para nuestra salud y que ningún coraje resolverá nuestros problemas.

- *Cambiar de escenario*: algunas circunstancias pueden hacernos más vulnerables a reacciones negativas si nos topamos con algún obstáculo. Por eso, identificar estas situaciones y pensar en posibles opciones puede ayudarnos para estar preparados si un problema se presenta. Por ejemplo, si en nuestro trabajo las llamadas constantes impiden que nos concentremos apropiadamente, podemos designar un momento del día para interrumpirlas y atender las cosas que consideramos importantes.

- *Comunicarnos mejor*: algunas personas, en momentos de intensa frustración o enojo, pueden decir cosas de las cuales se arrepientan después o sacar conclusiones apresuradas. Ante un problema que nos causa disgusto, lo ideal es tomarnos el tiempo de tranquilizarnos y analizarlo detenidamente para determinar qué pasos nos llevarán a solucionarlo. Si hablamos con una persona y lo único que hacemos es reclamar, en vez de escuchar lo que tenemos que decir, él o ella sólo buscará defenderse y la comunicación no será efectiva.

- *Usar el humor*: que no necesariamente debe ser sarcástico, que constituye otra forma de violencia, sino aprender a no tomarnos tan en serio y a entender que todas las personas encontramos dificultades de vez en cuando, porque son parte de la vida diaria y, que por lo tanto, muchas veces son inevitables.

EL ENOJO Y NUESTROS CELOS

Cuando experimentamos enojo, al igual que cuando sentimos celos, es importante identificar en qué situaciones tenemos más posibilidades de reaccionar negativamente cuando se presentan. Justo en esos momentos debemos esforzarnos más por cambiar el modo de experimentarlas. Linda Bevan (2009) dice que cuando sentimos celos, el enojo puede manifestarse de las siguientes maneras:

- Como frustración por no sentirnos comprendidos, lo cual nos lleva a gritar y culpar. En este caso, es importante sustituir enojo por paciencia, que nos permita explicar a nuestra pareja cómo nos sentimos. Las amenazas y los gritos no llevan a ninguna parte.

- Como hostilidad por no querer quedar como tontos, lo cual acarrea amargura y aislamiento en la relación. Cuando no hablamos, podemos crear resentimientos que nos alejan aún más de nuestra pareja.

- Como sensación de humillación provocada por nuestras acciones o emociones que, de nuevo, si no comunicamos, pueden convertirse en deseo de venganza hacia el otro.

- Como vergüenza de no poder aceptar y confiar en lo que otro nos dice, y que a la larga puede llevarnos, si no la expresamos, a sentirnos poco merecedores del afecto de otros.

La clave en cada caso sigue siendo el autoconocimiento y la posibilidad de expresar asertivamente nuestros sentimientos y preocupaciones. Aun así, la tarea no es fácil. Manejar nuestras emociones negativas puede requerir tiempo y esfuerzo, pero decididamente, seremos nosotros los primeros en observar los resultados.

La solución puede estar en el conflicto

A pesar de que las personas generalmente iniciamos relaciones amorosas con relativa facilidad, transformar este interés en vínculos duraderos es mucho más complicado. Pocas veces aprendemos a comunicar nuestros sentimientos y a identificar nuestras prioridades al respecto; pero, sobre todo, casi nunca aprendemos a solucionar nuestros conflictos de manera pacífica y a buscar soluciones que beneficien a los involucrados.

En nuestra cultura hemos aprendido a ver el surgimiento de un conflicto como un suceso indeseable, y por tanto, que debemos evitar a toda costa. No obstante, desde un punto de vista positivo, el conflicto es un motor de cambio social y sus efectos, siempre que sepamos gestionarlo bien, permiten establecer relaciones cada vez más cooperativas. De ahí que la negociación resulte imprescindible. Tanto el conflicto como la negociación constituyen un modo de enriquecimiento permanente de la vida cotidiana: personal, grupal y organizacional.

Si todas las personas estuviéramos de acuerdo todo el tiempo en todo, nunca nadie propondría cambios para mejorar y no existiría ningún tipo de diversidad de opiniones e intereses. Así, es necesario aceptar y resolver los conflictos que se nos presenten como una necesidad especialmente importante.

Cuando los celos surgen en una relación de pareja, se genera un conflicto del cual, si sabemos resolverlo adecuadamente, podemos obtener beneficios a corto y largo plazo (por ejemplo, sentirnos más cercanos y establecer acuerdos que nos puedan servir en futuros conflictos). Existen varios modelos mediante los cuales se puede resolver un problema de pareja; sin embargo, no todos tienen resultan equitativos.

Modelo competitivo: "Yo gano, tú pierdes"

Cuando se trata de resolver un conflicto centrándose en una posición de dominio y terquedad, sin dar importancia a los intereses de la otra persona, sólo existen dos posibilidades: ganar o perder (Ruiz y Fawcett, 1999). Algunas caraterísticas de este modelo son:

- Subestimar la propia capacidad de resolver conflictos.
- Definir el problema sin exponer las necesidades, preocupaciones, sentimientos o intereses respectivos.
- No aceptar la legitimidad de las necesidades e intereses de la otra persona.
- Discutir desde posiciones inflexibles.
- Menospreciar la búsqueda de opciones.
- Pensar que resolver el problema sólo es responsabilidad de la otra persona.
- Considerar que cualquier concesión demuestra debilidad.
- Recordar conflictos pasados.

Algunas consecuencias de este esquema son:

- Quien "pierde" se encierra más en su posición para desquitarse de la derrota.
- Hay resentimiento debido a que las personas que pierden se perciben doblegándose y debiendo aceptar la voluntad de la otra parte, sin que sus propias necesidades sean tomadas en cuenta.
- La derrota instala una relación de tipo "él/ella o ellos/ellas contra mí".
- La derrota llama a la revancha.

NEGOCIACIÓN

La negociación, también conocida como el método "yo gano-tú ganas", requiere de habilidades para lograr acuerdos cuando se producen divergencias de intereses y disparidad de deseos. La negociación es la alternativa que ofrece mayores garantías de respeto humano, aunque es la que demanda mayor creatividad por parte de los involucrados (Coria, 1997, citado por Ruiz y Fawcett, 1999).

La solución efectiva de conflictos comienza por el entendimiento de que, si alguien siente que ha "perdido la pelea", el problema no se ha solucionado. La negociación es un proceso delicado que requiere considerar las necesidades de las partes que intervienen. Por eso, dedicar tiempo para aprender a negociar garantiza que cada conflicto en el futuro será una oportunidad de replantear acuerdos y crecer como pareja.

Easton y Hardy (2009) proponen los siguientes pasos para la solución de un problema específico en pareja:

1. *Tomar un "tiempo fuera" cuando sea necesario ventilar emociones que obstaculizan la conversación.* Tal vez necesitemos un tiempo a solas o esperar unos días para tranquilizarnos. Como hemos visto hasta ahora, tratar de solucionar un conflicto enojados o frustrados puede fácilmente empeorarlo.

2. *Seleccionar un solo conflicto o problema.* Para lograr esto, es esencial identificar exactamente qué nos está molestando. En el caso de los celos, como antes mencionamos, es necesario saber cómo nos sentimos (qué sentimientos y qué emociones describen mejor nuestra situación) y qué necesitamos de nuestra pareja y de la relación.

3. *Crear un espacio o hacer una "cita" para hablar.* Cuando estamos enojados o abrumados por un conflicto, sentimos la necesidad de ventilarlo en ese mismo momento.

Sin embargo, el momento que elijamos puede no ser oportuno para el otro (por ejemplo, comenzar una conversación o hacer un reclamo cuando a nuestra pareja se le ha hecho tarde para ir a trabajar). Entonces, agendar una discusión, por más poco convencional que pueda parecer, le da a ambas partes tiempo para pensar en lo que quieren decir y en posibles soluciones al problema.

4. *Cada parte tiene tres minutos para decir cómo se siente.* Esto evita interrupciones constantes que pueden hacernos sentir que no estamos siendo escuchados o no podemos completar una idea. Sobre todo, es importante hablar en primera persona y responsabilizarnos de lo que sentimos en vez de culpar al otro. Por ejemplo, en vez de decir "Me haces sentir inseguro" podemos decir "Me siento inseguro cuando…". Esto evitará que quien nos escucha se sienta atacado o agredido e imposibilitado para actuar sobre un sentimiento que no le pertenece.

5. *Hacer una lluvia de ideas.* Con la pareja hagamos una lista de todas las posibles soluciones al conflicto, incluso las que puedan parecer simples o tontas.

6. *Depurar la lista.* Seleccionar las opciones que ninguna de las dos partes sienta que pueda funcionar y las que incluyan cosas que no estén dispuestos a hacer. Esto tendrá mucho que ver con los límites de cada quien y su disposición para superarlos.

7. *Seleccionar una solución de la lista y probarla durante un tiempo determinado.*

8. *Reevaluar la solución.* Para determinar si ha funcionado o no y cómo nos hemos sentido con ella. Si esta solución

no nos ha convencido del todo, será tiempo de seleccionar otra y darle su tiempo de prueba.

La utilización de estos pasos para solucionar conflictos es justamente la base sobre la cual una pareja va construyendo acuerdos. Cuando iniciamos una relación, podemos saber cosas de la otra persona y sentir que la conocemos y convivir con ella. Sin embargo, sólo a través de la solución de conflictos logramos construir el modo de comunicación y relación que mejor se ajusta a nuestras necesidades. La clave, entonces, sigue siendo enfrentar y hablar de los problemas, mantenernos atentos a las barreras que pueden aparecer cuando buscamos solucionarlos. Bevan (2009) menciona los siguientes obstáculos como ejemplo:

- Miedo a decir algo inadecuado.
- Resentimiento al sentir que debemos resolver un problema que nosotros no creamos.
- Inflexibilidad en la búsqueda de soluciones. '
- Adoptar el papel de víctima o victimario.
- Negación de la existencia de un problema.
- Sentir que siempre tenemos la razón.
- Estar demasiado estresados, ansiosos o deprimidos para resolver un problema.
- Imposibilidad de abrirnos a nuevas ideas.
- Imposibilidad de pensar en posibles soluciones, por más atípicas que parezcan.
- Pensar que estamos perdiendo el tiempo en resolver un conflicto que no iniciamos.
- Sentir demasiado cansancio o desinterés en el problema.

- Estar demasiado enojados o frustrados para querer solucionar el problema.
- Querer que el problema se resuelva a nuestro favor.
- Traer otros conflictos ajenos al problema que se discute.
- Interrupciones constantes mientras el otro habla.
- Juzgar lo que el otro está diciendo.
- Querer que el problema se resuelva inmediatamente.
- No escuchar lo que el otro desea expresar.

Por último, es importante recordar ser amables con nosotros mismos. Una relación de pareja no se construye sólo de buenos momentos y mediante las cosas que nos es fácil compartir, sino del reconocimiento de todo lo que a veces vemos como debilidades y podemos mejorar. Compartir estos retos en pareja y trabajarlos de manera individual es uno de los caminos más efectivos para lograr el fortalecimiento emocional.

RECAPITULACIÓN

Hasta ahora hemos hablado de los pasos necesarios para aprender a manejar nuestros celos. He aquí una recapitulación de:

1. *Es necesario aprender a sentir nuestros celos.* Sólo cuando nos damos la oportunidad de sentirlos podemos entender exactamente de dónde provienen, cómo nos afectan y qué nos dicen de nosotros mismos, de nuestras inseguridades y miedos, de las cosas que podemos trabajar para mejorar y de los obstáculos que debemos superar para relacionarnos más sanamente. Es natural sentir miedo de experi-

mentar nuestros celos, pero conforme vamos aprendiendo a hacerlo y a escucharnos con paciencia, nos daremos cuenta de que los celos son superables y podemos sobrevivirlos porque tenemos la fuerza necesaria para hacerlo.

2. *Es esencial ubicar de dónde provienen nuestros celos.* Esta emoción puede provenir de una sensación de exclusión, de un deseo de competitividad, de sentir que no somos suficientes para nuestra pareja, de nuestras experiencias pasadas, de nuestras inseguridades, de un sentimiento de pérdida de algo que consideramos exclusivo o de una sensación de posesividad. Algunas veces notaremos que provienen de un solo "disparador" y que son varias las razones detrás de ellos.

3. *Es importante aprender a "detener" nuestros celos.* Los miedos e inseguridades que nos atacan, generalmente provienen de fantasías e ideas que nos creamos y poco tienen que ver con la realidad. Desafortunadamente, si no detenemos estos "pensamientos celosos" nada los hará alejarse para siempre. Recordemos que nuestro cerebro se alimenta de nuestros pensamientos, y si son negativos, la próxima vez que enfrentemos una duda, por ejemplo, sobre con quién está nuestra pareja o qué está haciendo, las primeras explicaciones provendrán de los escenarios que más tememos. Detener nuestros celos implica no permitir que destruyan nuestra relación y nuestra confianza.

4. *Es buena idea identificar pensamientos o afirmaciones positivas.* Cuando hemos descubierto alguna idea que nos parece especialmente razonable o puede tener un efecto tranquilizante, es importante recordarla y repetírnosla

las veces necesarias cuando nos sintamos inseguros. Este "mantra" o idea nos ayudará a ver las cosas desde una perspectiva más realista cuando los celos nos rebasan, o incluso, antes de que crezcan en nuestra imaginación.

5. *Es esencial expresar nuestros celos en vez de actuarlos.* Expresar lo que sentimos cuando nos atacan quita una muy buena parte del peso y la opresión que nos causan. Por el contrario, actuar dejándonos llevar por la ira, la decepción, la frustración o la tristeza, no sólo no alivia lo que estamos sintiendo, sino que nos daña y puede destruir una relación para siempre. Los celos nunca son una justificación para dejar de actuar razonablemente.

6. *Es importante pedir lo que necesitamos.* La asertividad se define como la capacidad de conocernos, saber y expresar claramente lo que necesitamos, sentimos y pensamos, sin pasar por encima de los derechos de los demás. En uno de los extremos de la asertividad se encuentra la conducta pasiva y, en el otro, la agresiva. Las personas en el extremo pasivo temen defender sus derechos u opiniones y encuentran difícil poner límites, lo que hace que algunas personas abusen. En el extremo agresivo, las personas no respetan los límites y sentimientos de otros y tratan de manipular e imponer sus opiniones. Por eso, el estado al que debemos aspirar para solucionar un conflicto nos permitirá defender nuestras opiniones y necesidades, evitar imposiciones y respetar los límites y sentimientos de los demás.

7. *Es recomendable establecer objetivos realistas.* Ciertos conflictos son difíciles de solucionar mediante un solo esfuerzo o una sola plática. A veces, requerimos ajustar

101

nuestras expectativas y probar qué acuerdos se ajustan mejor a una situación específica. Por eso, es buena idea hacer una lista de posibles soluciones e ir seleccionando aquellas que ambos sintamos más cómodas, darles un tiempo de prueba y evaluar si esta decisión tuvo el beneficio que esperábamos. En el caso de los celos, es importante recordar que cualquier acuerdo al que lleguemos debe ser benéfico para todas las partes involucradas. No podemos exigir, por ejemplo, que nuestra pareja se aleje de alguna amistad significativa para él o ella, ni podemos pedirle que cambie su apariencia o personalidad para evitar que los celos nos invadan. Esto no sólo crearía resentimiento en el otro, sino que, a la larga resultará inútil: nuestros celos debemos trabajarlos nosotros.

8. *Es esencial saber cuándo pedir ayuda.* Si hemos descubierto que nuestros celos se han convertido en un problema que "se sale de nuestras manos" o tememos lastimar a alguien como resultados de nuestras emociones, es necesario pedir ayuda profesional. La realidad es que hay muchas situaciones, además de los celos, que pueden salirse de nuestro control y rebasarnos. Aceptar esto y tener el valor de pedir ayuda, es un paso enorme para crecer a nivel personal y de pareja.

El manejo de los celos es un proceso, y lo más importante para quien lo vive es comprender la importancia de hacerle frente a una emoción que tiene el poder de volverse destructiva si se subestima. Cuando experimentamos celos, es primordial recordar que la solución está, en gran medida, en nuestras manos, si decidimos trabajarlos. Después de todo, alguien que siente celos los sentirá en compañía o en soledad, en su luna de miel o encerrado en una cueva. Los celos, como los problemas, no se pueden eludir. Para que desaparezcan hay que enfrentarlos.

UN POCO DE AUTOESTIMA

La reflexión sobre el origen de nuestros celos no estaría completa sin revisar también nuestra autoestima, reflejo de la evaluación de nuestra propia valía, compuesta por creencias y emociones sobre nosotros mismos. Algunos estudios han demostrado que, cuando tenemos baja autoestima, somos más propensos a que los celos nos invadan. Un estudio realizado en terapeutas de pareja (White, 2008) mostró que la mayor parte de estos expertos mencionan una baja autoestima como la principal razón para que una persona acuda a terapia cuando los celos se convierten en un problema.

A continuación presentamos una evaluación de la autoestima en función de lo que algunos test consideran sobre el tema:

		Totalmente de acuerdo	De acuerdo	Parcialmente de acuerdo o desacuerdo	En desacuerdo	Totalmente en desacuerdo
1	Siento que arruino todo lo que toco.					
2	Siento que decepciono a las personas que me aman.					

		Totalmente de acuerdo	De acuerdo	Parcialmente de acuerdo o desacuerdo	En desacuerdo	Totalmente en desacuerdo
3	Siento que si soy yo misma/o, la gente no me aceptará igual.					
4	Las personas a mi alrededor tienen muchas más habilidades que yo.					
5	Cuando conozco a alguien con mucho éxito, pienso que yo nunca podría lograr lo mismo.					
6	Si no hago algo a la perfección, siento que no tiene sentido hacerlo.					
7	Prefiero hacer amistades con personas exitosas y atractivas.					
8	Creo que merezco sólo lo mejor de todo y todos.					
9	La gente que me critica lo hace por celos o envidia.					
10	Cuando otros me hacen ver mis errores, es fácil ponerme a la defensiva.					
11	Me molesta no ser el centro de atención.					
12	Si estoy en desacuerdo con algo en lo que todos están de acuerdo, me reservo mi opinión.					
13	He cambiado aspectos de mi apariencia para agradar a otros.					
14	No estoy seguro/a de haber hecho algo bien si no me lo dicen.					
15	Si alguien parece rechazarme, busco el modo de agradarle.					

Para calificarla se usa la siguiente escala:

Totalmente de acuerdo: 1 punto

De acuerdo: 2 puntos

Parcialmente de acuerdo/en desacuerdo: 3 puntos

En desacuerdo: 4 puntos

Totalmente en desacuerdo: 5 puntos

A mayor puntaje obtenido, mayor indicio de que nuestra autoestima es saludable. Si obtuvimos baja calificación, sería importante meditar qué aspectos de nuestra vida pueden estar afectados. Una baja autoestima puede dificultar la comunicación con otras personas y acarrear desconfianza, inseguridad, ansiedad o tristeza. Es justo cuando nuestra autoestima está a la baja que los celos pueden atacarnos y hacer crecer cualquier duda que de otro modo probablemente pasaríamos por alto.

> Me he dado cuenta de que justo los días en que peor me siento celo más a mi pareja. Si tengo días difíciles, si me va mal en el trabajo o si me siento gorda, empiezo a sentirme triste y cualquier cosa me hace sentir insegura: si ese día mi novio ve a otra mujer o no me dice que me quiere, empiezo a pensar lo peor. Me cuesta mucho trabajo, pero cuando siento celos, en vez de empezar a reclamarle a él, me siento a pensar si no soy yo la que estoy exagerando (Laura, 45 años).

Otro aspecto importante respecto a la evaluación de nuestra autoestima es nuestro estado anímico. Podemos pensar que nuestros celos se relacionan directamente con un concepto negativo de nosotros mismos que es parte de nuestra personalidad; sin embargo, también debemos considerar si esta baja autoestima en realidad es algún tipo de depresión por la cual estemos pasando o con la cual hayamos ya vivido un tiempo. Esta distinción es fácil de hacer: si nos damos cuenta de que hemos perdido interés en realizar actividades que antes considerábamos entretenidas o importantes, si sentimos poca energía para comenzar nuestras actividades diarias, si hemos perdido el sueño o el apetito (o por el contrario, éstos se han incrementado) y si sentimos que no tiene caso hacer las cosas, es importante acudir con un especialista que pueda diagnosticar nuestro estado de ánimo y darnos el tratamiento apropiado.

LA CONFIANZA COMO SALVAVIDAS

Hubo una época en que celaba mucho a mi esposa. Cualquier mirada de otro hombre, cualquier posibilidad de interacción entre ella y algún extraño me dejaba intranquilo e irritable. Peleábamos mucho, generalmente porque yo no dejaba de reclamarle cualquier cosa, cualquier atención que ella tuviera hacia otra persona. Le cuestionaba todo: amistades, intereses, decisiones y cualquier momento que ella decidía pasar con otras personas. Me obsesionaba la idea de que me fuera infiel sin darme cuenta, de que hubiera otro hombre sin que yo lo descubriera. Un día especialmente difícil para mí, elegí ponerle fin a todas las dudas. Decidí que mi esposa estaba conmigo porque así lo quería y así lo había decidido; ella me decía que me amaba y no me engañaría. Fue entonces que pensé: ¿Qué tipo de hombre sería yo si no confiara en la mujer que amo y con quien he decidido pasar el resto de mi vida? ¿Cómo puedo decir que amo a mi mujer si no confío en ella? Cuando decidí hacer a un lado mis celos, nuestra relación mejoró notablemente. Después de mis constantes interrogatorios, mi esposa sintió un respiro al darse cuenta de que ya no dudaría de ella. Poco a poco, mis inseguridades fueron desapareciendo y toda la energía y tiempo que dedicaba a hacernos la vida imposible, porque no lo puedo describir de otra manera, se convirtieron en momentos de mucho acercamiento entre nosotros. Hoy estoy seguro de que nuestra relación hubiera fracasado si no hubiera cambiado como lo hice (Jorge, 44 años).

Según la Real Academia de la Lengua Española, la confianza se define como: 1) la esperanza firme que se tiene en alguien o algo y 2) la seguridad que alguien tiene en sí mismo.

Cynthia Wall y Sue Patton, en su libro *The Courage to Trust* (*La valentía de confiar*) dicen que nadie nace sabiendo cómo confiar, y que aprendemos a hacerlo en la infancia a través de las personas que nos rodean y cuidan de nosotros. No obstante, pocos recibimos bases sólidas que nos ayuden a confiar en otros, y todavía menos somos los que aprendemos a confiar en nosotros mismos. De hecho, cuando somos niños sólo aprendemos *acerca de* la confianza, y es en la etapa adulta en que aprendemos *cómo* confiar. Por eso, incluso si nuestras primeras experiencias en la vida fueron negativas, podemos superar nuestros miedos conforme aprendamos a aceptarlos y verlos como un reto a vencer. Por ello es importante aprender a considerar que la confianza, más que algo que no podemos controlar o modificar, es una habilidad que podemos aprender si lo deseamos.

Cuando una persona decide no confiar en nadie para evitarse decepciones, lo único que logra es encerrarse en sí misma, establecer relaciones superficiales y limitar la expresión de sus afectos. Por otro lado, una persona que confía ciegamente en cualquiera, se pone en peligro y corre el riesgo de parecer dependiente. El punto medio, entonces, sería aprender a confiar con sabiduría. Wall y Patton dicen que la sabiduría aplicada a la confianza consiste en correr el riesgo de pedir ayuda y de confiar en otros, en decidir en quién queremos o podemos confiar y creer en el criterio que aplicamos para hacerlo. Naturalmente, podemos cometer errores de los cuales aprenderemos y en esto precisamente radica la valentía que implica el ejercicio de la confianza.

La confianza nos da sensación de seguridad cuando está presente, pero también se puede perder con facilidad. Las acusaciones y las palabras hirientes pueden tener un efecto negativo en la confianza de nuestra pareja en nosotros. Por eso, cuando los celos nos atacan, la confianza depositada en nuestra relación de pareja es lo primero en verse afectada, ya sea porque dudamos de lo que hemos construido en torno a la relación o porque a quien amamos se ve obligado a luchar contra inseguridades que de ningún modo le pertenecen.

Cuando mi novio rompió conmigo, la verdad al principio pensé que era lo que más me convenía. Tenía dudas constantes de su fidelidad, y como siempre ha tenido muchas amigas, estaba segura de que alguna de ellas querría seducirlo tarde o temprano. Muchas veces se lo reclamé pero él me repetía que me amaba y nunca me cambiaría por nadie. Yo seguía celándolo todo el tiempo y llegué a mandar a mis amigas de espías para confirmar mis sospechas. Nunca encontré ninguna evidencia. De hecho, una vez terminada la relación, muchas personas me dijeron que había perdido a un hombre muy valioso que me amaba y sólo tenía ojos para mí. La realidad, puesta así frente a mí por otras personas, me cayó como balde de agua fría. Tuve que aceptar que todas mis dudas y mis celos habían sido más bien alucinaciones que me había hecho para torturarnos. Todas las ideas de su deslealtad habían nacido y crecido sólo en mi imaginación y era demasiado tarde para cambiar lo que había pasado. Ahora entiendo cómo se sintió mi novio todo ese tiempo: atrapado y desilusionado de que yo nunca confiara en él como él confiaba en mí (Fernanda, 23 años).

De acuerdo con el psicólogo Jean Piaget, a los dos años de edad los niños desarrollan algo conocido como constancia objetal, definida como la existencia de la representación mental de una persona u objeto en su ausencia. Esto significa que antes de los dos años, la existencia de un objeto depende exclusivamente de que se encuentre dentro del campo visual del bebé. Por ejemplo, si escondemos un juguete bajo una almohada, aunque lo hagamos en su presencia, un niño o niña creerá que el juguete desapareció permanentemente; no lo buscará bajo la almohada o lo pedirá a un adulto porque cree que lo ha perdido. Sólo con el tiempo, los niños aprenden que un objeto sigue existiendo aunque no puedan verlo todo el tiempo.

Cuando somos presa constante de los celos, parece que nuestra constancia objetal se perdiera respecto a nuestra pareja: llegamos a pensar que si no la vigilamos, si no nos llama constantemente o si pasa tiempo con otras personas, terminaremos perdiéndola.

La verdad es que el amor experimentado por otra persona debe basarse en el reconocimiento de su individualidad y en la

109

confianza que podemos depositar en ella. Así, aunque no siempre estén presentes, aunque no podamos "ver" lo que sentimos o sienten por nosotros como si fueran objetos reales a nuestro alrededor, podemos creer que están y cimentan nuestra relación con otro/a.

A veces, atrevernos a confiar en los demás es como saltar de un trampolín: si lo pensamos demasiado, el miedo puede paralizarnos. Para confiar se necesita, sobre todo, decidirse a hacerlo para seguir haciéndolo, aceptar que aprenderemos cosas sobre la marcha y no podemos tener control absoluto sobre lo que sucede a nuestro alrededor. Después de todo, ni siquiera una permanente vigilancia surgida de la desconfianza logra que alguien amado se conserve a nuestro lado cuando no quiere; por el contrario, fácilmente terminará destruyendo todo lo que hemos construido alrededor del amor.

Pero, ¿cuál es el estado de nuestra confianza en la persona que amamos? Imaginemos las siguientes situaciones y reflexionemos sobre lo que sentiríamos, pensaríamos y probablemente haríamos en cada una de las circunstancias descritas:

1. Una persona conocida nos llama por teléfono para decirnos que vio a nuestra pareja en un restaurante con un hombre (o mujer) bien parecido, con quien parecía tener una conversación muy amena y cercana.

2. Por casualidad leemos un mensaje que ha llegado al teléfono de nuestra pareja y que dice: "Yo también. Mucho."

3. Una mujer (u hombre), cuya voz desconocemos, llama a nuestra casa preguntando por nuestra pareja por su nombre de pila.

4. Notamos que, últimamente, nuestra pareja parece poner

más atención a su apariencia y modo de vestir, compra ropa nueva y está haciendo ejercicio.

5. Estamos en una fiesta con nuestra pareja y se acerca una mujer (u hombre) a saludarla muy familiar y afectuosamente. Nuestra pareja nunca ha mencionado conocer a esta persona.

Ahora, analicemos las reacciones e ideas que vinieron a nuestra mente al imaginar cada uno de los escenarios:

- ¿Consideramos que alguna de estas situaciones podría demostrar la infidelidad de nuestra pareja?
- ¿Imaginamos distintas explicaciones para cada una?
- De las posibles razones de cada escenario, ¿dimos mayor peso a la que apuntaba a la deslealtad de nuestra pareja?
- ¿Consideramos primero la peor opción o la que más nos lastimaría?

Si contestamos sí a alguna de las situaciones anteriores, vale la pena volver a leer con cuidado cada una e imaginar posibles explicaciones que no involucren engaño o mentiras por parte de la otra persona. Por ejemplo, en la primera situación, la persona con la cual estaba nuestra pareja en el restaurante, podría ser un cliente; en la segunda, podría tratarse de la respuesta de un colega al mensaje *"Quisiera poder terminar este proyecto lo antes posible. Me siento cansado"* o *"Espero que en la junta de mañana todo salga bien. Creo que a los clientes puede gustarles la idea"*; en la tercera situación, la persona que llama podría ser un amigo de la infancia o un pariente lejano; en la cuarta escena, nuestra pareja podría estar buscando un ascenso de puesto en el trabajo (o agradarnos a nosotros); y en la quinta, podría ser un amigo que hace tiempo no ve.

Una persona con buena comunicación y confianza en su pareja, tiende a imaginar escenarios alternos que no involucren una posible infidelidad de la pareja, y ante cualquier duda, pensaría en hablar con él o ella para escuchar su explicación. Es decir, confiar en este caso es, al menos, otorgar el beneficio de la duda.

Si nos encontramos ante por lo menos dos opciones o, en el caso del ejercicio, dos posibles explicaciones, una negativa y otra positiva, hagamos el esfuerzo de imaginar la positiva y dejar atrás la negativa. Este ejercicio puede resultar difícil al principio, podemos sentir que las ideas negativas intentan "filtrarse" en nuestra mente de cualquier manera. Sin embargo, hay que recordar que la confianza se puede aprender y fortalecer, pero necesitamos tener conciencia de su existencia y la paciencia suficiente para que poco a poco penetre en nuestras vidas y relaciones.

LA HISTORIA DE OTELO: UNA LECCIÓN SOBRE LA CONFIANZA Y LA AUTOESTIMA

Sin duda, la obra de Shakespeare, *Otelo*, es la referencia literaria por excelencia de los celos; al grado de que algunos llaman a este sentimiento "el síndrome de Otelo". Esto se debe a que el autor cuenta la historia de un personaje con el cual muchos podemos identificar las emociones que nos embargan cuando nos llenamos de dudas y celos.

Esta obra de Shakespeare, escrita en el siglo XVII, tiene como escenario Venecia y la Isla de Chipre. Otelo es un moro enamorado y casado con Desdémona, bella veneciana hija de un senador. Pero, no falta quien los envidie y les guarde rencor: Rodrigo, un caballero rico, está enamorado de Desdémona, mientras Yago piensa que el puesto de lugarteniente que Otelo otorgó a Casio, su buen amigo, debía haber sido para él.

Yago decide aliarse a Rodrigo y vengarse de Otelo, haciéndole creer que Desdémona le es infiel con Casio, en quien Otelo ha puesto toda su confianza. Durante el desarrollo de la obra, Yago se dedica a destruir el buen nombre de Casio ante otros, especialmente Otelo, quien termina destituyéndolo de su cargo. Al mismo tiempo, Yago aconseja a Casio que hable con Desdémona, con quien guarda buena relación, para convencer a Otelo de restituirlo. Sin embargo, esto no es más que una trampa para lograr que Otelo los vea hablando juntos y dude aún más de la fidelidad de su esposa.

Emilia, esposa de Yago, encuentra un pañuelo de Desdémona, primer regalo que Otelo le dio. Entonces, para que el moro termine por confirmar las sospechas que le han sido inculcadas, Yago logra que el pañuelo termine entre las pertenencias de Casio y corre a contarle al moro que lo ha visto con la prenda. Casio, ignorando el origen del pañuelo, se lo da a Bianca, su amante.

Para hacerlo enfurecer aún más, Yago pide a Casio le hable sobre su amante. Otelo los escucha escondido y cree que la conversación entre los dos hombres es, en realidad, el relato de la aventura de Casio con Desdémona; cuando Bianca le devuelve a Casio el pañuelo que le regaló, Otelo se siente doblemente ofendido y herido.

Cuando Casio es nombrado gobernador de Chipre y Desdémona se alegra de su ascenso, Otelo siente que no puede más con sus celos y empieza a considerar matar a ambos. Ahora que está seguro de la infidelidad de su esposa, nada puede hacerlo cambiar de opinión, ni siquiera las palabras de Emilia, quien asegura que ella no le es infiel. Otelo ordena a Desdémona que lo espere en su habitación, pero ella empieza a tener sospechas de que algo malo puede sucederle ahora que su esposo no cree en su lealtad.

Cuando el moro entra en la habitación de su esposa, la encuentra dormida. La besa una última vez y ella despierta y vuelve a jurarle que nunca le ha sido infiel con otro hombre y puede probarlo. Otelo, sin embargo, está seguro de su infidelidad y de que la asesinará por su propio bien.

Emilia logra entrar a la habitación de Desdémona pero no puede impedir el crimen. Después, cuenta a Otelo toda la verdad sobre el pañuelo y Yago se jacta del éxito de su plan. Poco a poco, Otelo comprende lo que ha hecho y decide matarse con un arma que había escondido, muriendo sobre el cuerpo de su esposa y terminando con la tragedia.

Para algunos escritores, como René Girard (1995), el conflicto que lleva a Otelo a desarrollar los celos incontrolables tiene menos que ver con la participación de su enemigo, Yago, que con la propia personalidad del protagonista. Según analiza Girard, a Otelo le cuesta admitir su propia felicidad, ¿cómo una bella veneciana podría enamorarse de un hombre como él? Ante la inseguridad que le produce introducirse en las altas esferas de la nobleza veneciana, el moro busca en Casio un aliado, un hombre que representa todas sus aspiraciones: es guapo, elegante, joven y acostumbrado a vivir en el mundo de Desdémona. Pero estas características lo convierten en el rival más temido. Por eso, de acuerdo con este autor, los celos no provienen de las palabras y trucos de Yago, tienen su origen en una debilidad interna que llevan al protagonista sentirse invadido por el pánico.

El problema de Otelo, entonces, no sólo fue haberse rodeado de envidias e intrigas, sino dudar de su propia valía y de la lealtad de sus verdaderos amigos y de su esposa. Si el protagonista hubiera estado seguro de merecer el amor de una bella mujer y complacerla, probablemente las palabras de Yago hubieran caído en oídos sordos. Es decir, un poco de confianza en sí mismo y en los demás hubieran salvado la vida de él y de su esposa.

Muchas obras escritas por Shakespeare estimulan reflexiones interesantes sobre la naturaleza humana; en el caso de *Otelo*, nos enfrenta al poder destructor de los celos si cometemos el error de dejar que rijan nuestro criterio.

CUANDO LOS CELOS NOS ENFERMAN

Casi todo lo escrito en materia de celos distingue entre celos "naturales" y los celos que algunos han definido como patológicos, mórbidos, obsesivos o delirantes. Aunque en algunos casos los elementos que distinguen este tipo de celos de los comunes pueden ser difíciles de precisar, podemos caracterizarlos diciendo que rebasan la propia capacidad del individuo de enfrentarlos, ocupan un lugar central en su vida y rigen sus acciones, emociones y pensamientos.

Javier es un hombre de 38 años, casado y con dos hijos. Cuando acudió a consulta con el psiquiatra, buscaba terminar con los problemas maritales que tenía y aliviar la ansiedad que sentía al respecto. Sus primeros años de matrimonio habían transcurrido tranquilos, pero, de un día a otro todo cambio a sus ojos.

Fuimos de compras toda la familia. Siempre íbamos al mismo lugar los fines de semana y nos tomaba como hora y media comprar lo que necesitábamos. Ese domingo sentí que mi esposa miraba a un hombre bastante bien parecido. No puedo describirlo, pero para mí no era como cualquier otro hombre que ella miraba porque le parecía atractivo; había algo diferente, una familiaridad en el modo de mirarlo que no puedo describir. La sensación de intranquilidad me siguió hasta que llegamos a la casa, cuando le pregunté si había visto a alguien en el súper que conocía, pero lo negó. Esa noche no pude dormir, y en el transcurso de los días siguientes, me acosaba la imagen de ese hombre y la mirada de mi mujer. Decidí preguntarle directamente si lo conocía, pero ella me dijo que ni siquiera sabía de quién le estaba hablando. Durante nuestra siguiente visita a la misma tienda me la pasé buscando al tipo por todos lados y vigilando a mi mujer. Para la siguiente semana, ya había creado una historia alrededor de aquel incidente. Estaba seguro de que mi mujer y ese hombre tenían un amorío y que se veían a mis espaldas. Llegó a coincidir con nosotros algunas veces en el súper, lo que para mí constituía una prueba irrefutable de que estaban juntos y se ponían de acuerdo para verse en la tienda. A partir de ahí mi relación se fue a pique: mi mujer y yo peleábamos todo el tiempo, sobretodo porque yo le exigía que me dijera la verdad sobre su infidelidad y porque ella seguía negándola. Quería saber dónde estaba todo el tiempo y cuando no tenía idea, la obsesión no me dejaba trabajar, al grado de que casi pierdo mi empleo. Un día se me metió en la cabeza la idea de que tal vez la prueba de su engaño podía estar en su ropa interior, así que esperaba a que fuera a dormir para oler su ropa sucia. Creía que si ésta tenía rastros de semen, yo podría notarlo. Desde luego, había días en que debía oler una toalla femenina o un tampón usado.

No podía evitarlo; simplemente no podía dormir sin oler su ropa, sin checar su teléfono, sin revisar su bolsa. Era una especie de ritual que no me dejaba tranquilo hasta no haber terminado. Era agotador y cada día me sentía más denigrado. Me daba vergüenza sentir esta necesidad de reclamar y vigilar, pero sentía que no podía parar, y fue hasta que mi mujer amenazó con dejarme, que decidí pedir ayuda.

Javier estuvo en terapia semanal unos meses y además, inició un tratamiento con medicamentos que aliviaron los pensamientos obsesivos y los celos. Su caso, aunque poco común en la población general, comparte características con algunos otros descritos en la literatura de investigación psiquiátrica y que han ameritado estudios por separado.

Wright, por ejemplo, describe el caso de una paciente que llegó a marcar con una pluma el pene de su marido por las mañanas para asegurarse de que la marca estuviera ahí al final del día como prueba de que él no le había sido infiel.

Albina Rodrigues Torres, Ana Teresa de Abreu Ramos-Cerqueira y Rodrigo da Silva Dias, en su artículo "O ciúme enquanto sintoma do transtorno obsessivo-compulsivo" ("Los celos como síntoma del trastorno obsesivo-compulsivo"), mencionan el caso de una paciente que relataba, entre otros síntomas y con mucha vergüenza, que siempre que veía a una mujer usando un teléfono público, pensaba "¿y si está hablando con mi marido?", y pocas veces consiguió evitar llamar a su casa para cerciorarse de que la línea no estaba ocupada. Estos autores también narran el caso de un empresario de 45 años que dudaba ser el verdadero padre de su hijo y llevó a su esposa a la iglesia, obligándola a confesarse, a jurar que nunca lo había traicionado y a prometerle fidelidad.

A pesar de las diferentes etiquetas para designar a los celos que difieren de lo que se observa en la mayoría de las personas, dos de los términos más precisamente definidos y ejemplificados en la literatura especializada son los *celos obsesivos* y los *celos delirantes*.

Los obsesivos se han considerado parte del trastorno obsesivo-compulsivo, pudiendo o no estar acompañados de otro tipo de ideas obsesivas. En el trastorno obsesivo-compulsivo, la persona es presa de pensamientos intrusivos que le producen ansiedad (obsesiones) y de la realización de conductas repetitivas que siente inevitables (compulsiones). Estos pensamientos y acciones consumen buena parte del tiempo de la persona (como lavarse las manos varias veces), y la hacen sentir socialmente inadaptada. En el caso de los celos obsesivos, se ha observado que coinciden ciertas características (mencionadas por Torres, De Abreu Ramos-Cerqueira y Da Silva Dias):

- Existen "rituales de verificación", que son conductas que la persona destina a calmar su ansiedad con respecto a su relación de pareja o a la fidelidad de la persona con la que está. Por ejemplo, puede verificar si su pareja está donde dijo que estaría llamándola una o más veces seguidas o comprobar que realmente fue adonde dijo que iría y seguirla o vigilarla.

- Se hacen preguntas insistentes sobre las personas con las cuales tiene o tuvo contacto su pareja, sus actividades, planes o algún incidente que la persona considera relevante. Si existen discrepancias entre las respuestas o versiones dadas a una misma pregunta, la ansiedad de la persona con celos obsesivos se incrementa significativamente. Torres *et al.* cuentan la historia de una mujer que tenía un cuaderno donde anotaba todas las respuestas que daba su esposo a las preguntas que ella le hacía sobre su interacción con otras mujeres, conocidas o desconocidas. Después, pedía a su marido que firmara las respuestas en su cuaderno para volverlas a leer cuando se sintiera insegura o no recordara lo que éste le había dicho.

- Hay una preocupación excesiva sobre las relaciones anteriores de su pareja, que ocurren como pensamientos repetitivos e imágenes intrusivas y recurrentes sobre detalles de hechos pasados.
- Existen dudas constantes acerca de la fidelidad y lealtad de la pareja, a pesar de que en algunos casos la persona celosa está plenamente consciente de que dichas dudas son exageradas e infundadas.

El segundo tipo de celos definidos en la literatura psiquiátrica, concretamente en el DSM-IV (Manual de diagnóstico y estadístico de los trastornos mentales), son considerados un trastorno delirante de subtipo celotípico. Según este test, los criterios para el diagnóstico de este trastorno incluyen:

A. Ideas delirantes no extrañas (por ejemplo, implican situaciones que podrían ocurrir en la vida real, como ser engañado por el cónyuge o amante) por lo menos durante un mes.

B. Nunca se ha cumplido el criterio A para la esquizofrenia (es decir, la persona no padece esta condición).

C. Excepto por el impacto directo de las ideas delirantes o sus ramificaciones, la actividad psicosocial no está deteriorada de forma significativa y el comportamiento no es raro o extraño.

D. La alteración no se debe a los efectos fisiológicos directos de alguna sustancia, como alguna droga o medicamento, o una enfermedad (a pesar de esto, se sabe que una persona con un historial de abuso del alcohol, tiene más probabilidades de presentar este tipo de delirios en su vida).

Para Gelder, López-Ibor y Andreasen (2004), esta celotipia se caracteriza por

una creencia delirante fija que no puede reducirse con la argumentación lógica o la presentación de evidencias contrarias. Es el tipo más alarmante (de celotipia) puesto que no hay disuasión y la forma en que el individuo acusa, controla y acecha a la víctima es inexorable. Se rechazan los argumentos neutralizantes o las evidencia contrarias, aunque el individuo con trastorno delirante puede tener un funcionamiento tan adecuado en otras áreas que es totalmente capaz de convencer a los demás e incluso puede lavar el cerebro de la víctima inocente para que admita su culpabilidad (pág. 788).

Es decir, la persona con celos delirantes inventa historias complejas sobre el modo en que su pareja es infiel; crea escenarios y personas y considera cualquier detalle una prueba que confirma, en su imaginación, la sospecha. Estas personas no buscan confrontar al otro sobre sus dudas, pues están tan convencidos de la culpabilidad, que sólo invierten el tiempo en reclamos y acusaciones sobre lo que consideran un hecho.

Es importante notar que, de acuerdo a Judith Easton, Todd Shackelford y Lucas Schipper, los criterios considerados en el DSM-IV no son completamente inclusivos, y muchas personas que sufren un "desorden por causa de los celos" no encajan en esta categoría. Esto ha obligado a algunos autores a definir sus propias listas de características para el diagnóstico. Por ejemplo, Cobb (citado por Gelder, López-Ibor y Andersen, 2004) apunta que, en este trastorno, entre otras cosas:

1. El pensamiento y el comportamiento celotípicos son irracionales en expresión e intensidad.
2. El individuo está convencido de la culpabilidad de su pareja pero la evidencia es dudosa para los demás.
3. Los celos existen excesivamente y se autorrefuerzan (cualquier detalle puede ser una evidencia de que sus celos son razonables y están bien fundados).
4. Los celos parecen estar centrados en una sola persona.
5. La persona es excesivamente posesiva.

A esto se podría agregar que, aunque el DSM-IV considera que las ideas de una persona con celos de tipo delirante sobre la infidelidad de la pareja están basadas en cosas que podrían ocurrir en la vida real, muchas de éstas llegan a desafiar toda lógica. Por ejemplo, Hales, Yudofsky y Talbott (2001) narran la historia de un hombre de 64 años de edad que vivía con su esposa de 43; ella refería que su marido estaba celoso y no podía convencerlo de que le era completamente fiel. Él, por su parte, estaba convencido de que su mujer sostenía relaciones sexuales con otro hombre, y aunque nunca la había visto con otro, se reafirmaba en sus sospechas por hechos triviales como el lavado frecuente de las sábanas, manchas en la ropa interior de su esposa o huellas de ruedas en el camino que según él no debían estar allí. Una vez acusó a su esposa de echarle un somnífero en el café para poderse reunir con su amante cuando él estuviera dormido. Aunque pareciera ilógico, sostenía que su mujer había tenido relaciones sexuales con otro hombre en la misma cama mientras él dormía. En una ocasión, al despertarse, comprobó que las sábanas estaban revueltas y que él tenía el pantalón del pijama bajado hasta las rodillas e interpretó que el amante de su mujer había intentado abusar de él. Se quejaba también de que los vecinos le hacían comentarios sobre el gran número de hombres que visitaba a su mujer cuando él estaba en viaje de negocios. Ningún argumento de su esposa o de otras personas logró convencerlo de que ella le era fiel, y a causa de estas ideas, ya habían estado separados varias veces.

Como el hombre de este ejemplo, cerca de 4% de la población (de acuerdo con el DSM-IV) vive una situación de celotipia intensa y la solución a su problema puede requerir la atención de un especialista. Lo importante sería entonces reconocer los límites que pueden alcanzar los celos en un individuo y la distinción entre quien experimenta celos de tipo más o menos común y quien padece los obsesivos o delirantes. Aunque no abunda la literatura al respecto, existen algunas investigaciones que apuntan al uso de ciertos medicamentos para el tratamiento de estas dos condiciones; en los casos en los que se ha tratado a pacientes con una dosis temporal de algunos antidepresivos, por ejemplo, se ha observado una notable mejoría.

INFIDELIDAD: LA ÚLTIMA POSIBILIDAD

Anteriormente hablamos del papel de los celos en nuestra sociedad y nuestras relaciones de pareja. Esta emoción, como el enojo o el miedo, tiene una utilidad que les ha permitido subsistir con los seres humanos. Sin los celos, no tendríamos ninguna "alarma" que se activara ante la amenaza, real o imaginaria, de perder algo o alguien importante para nosotros. Sin el miedo, pondríamos constantemente en peligro nuestra vida, y sin el enojo, cualquiera podría agredirnos o abusar de nosotros sin protestar.

Es verdad que en otros tiempos y en otras culturas la formación de una pareja tenía un significado muy diferente al que tiene hoy para nosotros. En muchas sociedades, por ejemplo, la exclusividad sexual no era mandatoria y lo más común era que una persona tuviera varios amantes, esposos o esposas e hijos de distintas parejas. En nuestra cultura, sin embargo, muchas personas valoran la exclusividad emocional y sexual y cualquier cosa que la amenacé será vista con recelo.

Hasta ahora hemos analizado escenarios en los que el tipo de amenazas que imaginamos pueden no ser reales. En estos casos, nuestro "sistema de alarma", nuestros celos, pueden activarse y traer problemas tanto a la persona que los siente como al individuo celado. Si esto nos ha sucedido alguna vez, sabemos ya que tenemos la capacidad de reaccionar ante ciertas amenazas y, por así decirlo, que nuestro "sistema" funciona. La tarea que la mayor parte de nosotros tiene, sin embargo, es "ajustar" este sistema: afinar nuestros celos para que nos permitan vivir relaciones saludables y desechar todas las dudas que, en vez de alertarnos ante el peligro, obstaculizan nuestra libertad para amar.

Tal vez nunca lo hemos reflexionado, pero la mayoría de nosotros hemos aprendido a "ajustar" otras emociones como el miedo, por ejemplo. En consecuencia, no vemos peligro en cualquier persona que pasa junto a nosotros en la calle y no creemos que algún extraño ha entrado en nuestra casa al menor ruido que escuchemos en la calle. A pesar de esto, sabemos que hay muchas maneras de poner en peligro nuestra vida de manera innecesaria: nunca manejaríamos un coche sin frenos o caminaríamos en medio de una calle transitada por coches a alta velocidad.

Como con el miedo, también los celos nos pueden advertir de peligros reales. Es decir, los celos que sentimos por alguien pueden, en algunos casos, ser el reflejo de una amenaza real de pérdida de esta persona. Esto pasa, y no es ningún consuelo saberlo cuando es a nosotros a quienes les sucede. Podemos amar y confiar en una persona, y aun así, él o ella puede decidir alejarse de nosotros. En muchos de esos casos, la falta de amor no es la razón de que una pareja se separe y son situaciones como la falta de comunicación, el cambio de planes de vida, la rutina, el cambio de expectativas en la relación, entre otras, las que pueden llevar a alguien a ponerle fin a una relación. Aún más complicado resulta pensar que, incluso en las relaciones aparentemente más completas y perfectas, alguien de los dos puede buscar una relación sexual o emocional con alguien más.

Algunos expertos han escrito que los seres humanos no somos naturalmente monógamos (Barash y Lipton, 2002) y algunas personas necesitan de la variedad sexual en sus vidas para sentirse más satisfechos. Incluso en estas circunstancias, cuando una persona falta al compromiso previamente adquirido de ser monógamo (de tener sólo una pareja emocional y sexual), quien es engañado se puede sentir profundamente decepcionado y lastimado.

Muchas personas han descubierto la infidelidad de su pareja a través de pequeños detalles que, en algún momento, despertaron sus celos:

Llevaba 8 años de casada cuando me enteré de que mi esposo estaba saliendo con otra mujer. Empezó a haber muchos cambios en nuestra dinámica familiar, pero al principio no lo noté y las cosas que veía diferentes en él, las achacaba al estrés en el trabajo. De repente, un día comenzaron las llamadas a mi casa a todas horas, sólo que cuando yo contestaba, la persona al otro lado colgaba. Mi esposo siempre había tenido amigos, pero de pronto comenzó a salir, según me dijo, con nuevas amistades que yo no conocía. Cada vez pasaba más tiempo fuera de nuestra casa y menos tiempo con los niños. Yo empecé a sentirme celosa de sus constantes ausencias y de aquellos "nuevos amigos" con los que ahora pasaba muchas noches hasta muy tarde. Un día le pedí que los trajera a la casa para que yo los conociera, pero se negó a hacerlo. En los días en que no salía con "ellos", se pasaba el tiempo en la computadora o haciendo llamadas larguísimas desde algún lugar de la casa lejos de donde yo estuviera. Fue una amiga mía la que por fin me habló con la verdad: había visto a mi esposo con otra mujer en plan romántico en un restaurante. Después de eso, lo confronté al respecto y él ya no pudo seguir ocultando su infidelidad (Cecilia, 34 años).

Si creemos que nuestra pareja puede estar siendo infiel, nuestros celos pueden ser la alarma que nos alerte de esta situación. Sin embargo, aun en estas circunstancias, es importante no dejar que los celos y las intensas emociones que los acompañan, como la ira, crezcan ni se traduzcan en acciones que puedan lastimarnos o lastimar a otros.

Si decidimos que tenemos pruebas de una posible infidelidad por parte de nuestra pareja, es importante concedernos tiempo para pensar con tranquilidad cuáles son los pasos que daremos a nivel personal y de nuestra relación a partir de ese momento. Para cada situación y decisión siempre hay, al menos, dos posibilidades. He aquí un esquema que las contempla a grandes rasgos y puede sernos de utilidad:

> Creemos que nuestra pareja puede estar siendo infiel
> ¿Qué hacer?

⇩

Confiar nuestras dudas a otra u otras persona para estar seguros de que el o los confidentes también ven lo que nosotros vemos y cree, como nosotros, que tenemos motivos reales para pensar que nuestra pareja ha sido infiel.

Nuestro confidente cree que nuestras dudas están fundadas en hechos reales.	Nuestro confidente cree que nuestros celos son infundados.

⇩

Aprender a manejar nuestros celos o acudir con un terapeuta si sentimos que se han vuelto incontrolables.

Confrontar a nuestra pareja sobre las situaciones que observamos o las pruebas que encontramos. El modo en que nos acerquemos a él o ella, será crucial en lo que tenga que decirnos. Si bien puede ser sumamente difícil, es importante mantener la calma y hacer preguntas concretas sobre lo que deseamos saber.

Nuestra pareja sí admite una infidelidad.	Nuestra pareja no admite una infidelidad.

⇩

Revisar de nuevo la evidencia que creemos tener sobre la posible infidelidad. Si aún creemos que nuestra pareja es infiel…

Continuar la relación   Separarnos

Decidir si queremos continuar la relación en estas circunstancias, incluso si nuestra pareja nunca admitiera haber sido infiel.

Determinar si la relación y los acuerdos necesitan reestructurarse, identificar las condiciones que ambos juzgan necesarias para reiniciar la relación y contemplar la posibilidad de que alguna de las partes quiera pasar un tiempo sola.

En cualquier caso, en cualquiera de los pasos o cualquiera que sea nuestra decisión, siempre existe la opción de buscar ayuda profesional. Recordemos que acudir con un especialista, un terapeuta, psiquiatra o sexólogo, no significa que no tengamos la capacidad suficiente para resolver nuestros problemas, sino que podemos beneficiarnos de la guía y el acompañamiento que otra persona pueda darnos. De hecho, el ejercicio de hablar con un amigo o amiga nos puede ayudar a ver las cosas más objetivamente, asimilar lo que estamos viviendo y sentirnos aliviados de haber podido hablar al respecto.

Si descubrimos que nuestra pareja realmente se ha alejado de nosotros, ha iniciado una nueva relación amorosa o tuvo algún encuentro sexual, debemos decidir qué pasos seguir para procesar el dolor que probablemente sentimos y empezar a pensar en cómo sanar las heridas y, con el tiempo, incluso aprender de esta difícil experiencia.

Cada situación puede ameritar distintas decisiones en función de las circunstancias que la rodean y de las personas involucradas. Tal vez hayamos escuchado que una infidelidad nunca debe perdonarse, o tal vez los primeros consejos que escuchemos al respecto nos inciten a buscar culpables, una venganza contra nuestra pareja o el tercero involucrado. La culpa, como la venganza, tiene poca utilidad y puede obstaculizar nuestra reflexión objetiva sobre la situación que estamos viviendo.

Una persona puede decidir que, después de que su pareja ha sido infiel, le será imposible reestructurar la confianza en el otro y debe separarse; otra puede pensar que lo mejor será que cada parte se dé un tiempo para pensar las cosas y decidir cuando ambos se sientan más seguros; otros más decidirán que la relación puede continuar si existe arrepentimiento y si reanudan la comunicación o construyen nuevos acuerdos.

Al principio de nuestra relación, las cosas entre mi novio y yo iban bastante bien, pero como al año de estar juntos, conocí a alguien más con quien tuve una relación pasajera. Después de confesárselo, obviamente, tuvimos una crisis de pareja, pero al final fue lo mejor que pudo habernos pasado. Resultó que ambos nos sentíamos igual de lejanos y desencantados con la relación y aunque queríamos seguir juntos, nos urgía un cambio si queríamos que la relación sobreviviera. A partir de ahí las cosas cambiaron radicalmente y nuestra comunicación se volvió bastante buena. Desde luego, no pienso que la infidelidad sea maravillosa ni quisiera que algo así nos volviera a ocurrir, pero por lo menos en nuestro caso sirvió para hacernos reaccionar y fortalecer a la pareja (Mayra, 22 años).

Sin bien la decisión de seguir o terminar una relación en la que alguna de las partes, o ambas, ha sido infiel es enteramente de las personas involucradas, es importante tener en cuenta que algunas ideas sobre la infidelidad pueden estar influidas por muchos mitos al respecto. He aquí algunos que vale la pena considerar antes de tomar una decisión:

- *Existe un consenso general sobre lo que significa ser infiel*. El tipo de cosas que se pueden considerar como infidelidad pueden variar tanto de una persona a otra, que sería imposible elaborar una definición universal de este concepto, especialmente hoy en día en que la posibilidad de establecer contactos a través de internet se ha vuelto ilimitada. El problema surge cuando los miembros de una pareja difieren sobre el tema; por ejemplo, uno puede considerar que establecer amistades por internet es inaceptable, mientras para otro es algo completamente inofensivo. Lo ideal sería entonces que cada pareja pudiera establecer con claridad los límites que consideran necesarios para que la relación funcione.

- *En una relación de pareja en la que existen problemas maritales, alguno de los dos o ambos serán infieles.* Todas las parejas tienen problemas de vez en cuando, pero independientemente de qué tan miserable se sienta una persona en una relación, su situación de ninguna manera la obliga a ser infiel. Si los conflictos se van resolviendo de manera favorable para ambas partes, la relación se fortalecerá en vez de debilitarse.

- *En una relación donde hay amor entre los miembros, no existe posibilidad de que alguno sea infiel.* Es común pensar que la causa de la infidelidad es el desamor o la búsqueda de algo que no se tiene en la propia relación de pareja. Sin embargo, existen muchos ejemplos de una persona que ama a su pareja y se siente feliz con ella, pero se siente tentado a iniciar otra relación, tal vez porque ha encontrado en otra persona algo especial o diferente y se ha enamorado o simplemente porque decidió tener un encuentro sexual casual con alguien más.

- *La infidelidad es culpa del cónyuge.* Muchas veces, ante ciertos problemas, parece fácil culpar a algo o alguien sobre lo cual no tenemos control. Esto no sólo es irresponsable (porque no nos ayuda a admitir la parte que nos toca), además limita nuestras opciones para cambiar las cosas

(¿cómo podemos mejorar si otro es culpable de lo que nos pasa?). Poner la responsabilidad de nuestros actos en otras personas es la peor manera de avanzar y crecer como personas e invariablemente lograremos toparnos siempre con los mismos problemas que no hemos aprendido a resolver y aceptar. Cuando una situación involucra a dos, vale la pena hacer un esfuerzo por analizar la contribución que cada uno ha tenido y reflexionar si se podría haber actuado de otra manera o si un cambio a futuro puede resultar benéfico.

• *Los hombres tienen la necesidad de tener muchas parejas sexuales.* Los estereotipos de género no sólo generalizan injustamente el modo de ser y actuar de hombres y mujeres, sino que terminan por limitar nuestras propias expectativas y comportamientos. Ni todos los hombres quieren tener muchas parejas sexuales, ni todas las mujeres que aparentemente no "satisfacen a un hombre" tienen la culpa de que su pareja sea infiel. Cuando hemos crecido con estas ideas, llegamos a sentir que no podemos hacer nada por cambiar nuestra suerte o aquello que nos lastima y debemos conformarnos con aquello que nos disgusta. La realidad es que cada mujer y cada hombre son diferentes y sería imposible hacer encajar a todos en un mismo molde.

• *Quien fue infiel una vez, siempre tenderá a serlo.* Si una persona que ha sido infiel logra analizar las razones que lo llevaron a hacerlo y reflexiona sobre lo que necesita de sí mismo y de quien ama y cómo lo puede integrar en su vida, no tiene por qué hacerlo de nuevo. En esta categoría también están quienes lo consideran un error que no desean repetir o quienes lo hicieron por venganza pero aprendieron que no ganan nada. La clave radica en que la persona que ha sido infiel y no quiere volver a hacerlo, esté convencida de ello y no sólo lo haga por "quedar bien" con alguien o por aparentar que ha cambiado.

- *Hay que negar una infidelidad hasta las últimas consecuencias.* Muchas personas que son o han sido infieles prefieren negarlo hasta el cansancio a pesar de que su pareja tenga pruebas de ello y/o se le pregunte de manera directa. Esto no sólo es injusto para el otro, sino que agrava las circunstancias. Una mujer describió su caso a una revista, contó cómo todos los días su esposo salía a correr en las mañanas y regresaba sudando de la jornada. A partir de un día, su ropa deportiva dejó de oler a sudor, por lo que su esposa decidió seguirlo y lo encontró en casa de su secretaria con ella en la cama. Al verla, su esposo comenzó a repetir "no me estás viendo en esta casa, te volviste loca y estás imaginando cosas; ésta es una alucinación". Desde luego, ella nunca lo perdonó, no tanto por la infidelidad sino por la cobarde reacción que tuvo ante lo que ella había visto.

- *Todas las relaciones en que ha habido infidelidad terminan en separación.* Como hemos visto en los testimonios anteriores, algunas relaciones incluso logran fortalecerse después de ocurrida una infidelidad. No hay recetas que nos digan exactamente qué decir o hacer en estas circunstancias ni una fórmula que se ajuste a todos los casos. La decisión debe basarse en la propia reflexión y en los acuerdos que, de así desearlo, se establezcan con la otra persona.

CAPÍTULO CUATRO

Enfrentando los celos ajenos

Quien diga que una unión donde hay celos, el celoso lleva la peor parte, seguramente no ha vivido una relación en la que constantemente se le imputen infidelidades, se le dirijan reclamos o se le cuestione cada movimiento. Si bien el celoso debe lidiar con enojo, ansiedad, tristeza y frustración, la persona celada comparte, en buena medida, el infierno al que a veces nos arrastra este sentimiento.

Vivo los celos como una prisión. No sé si puedo usar otra palabra para describirlos. Son una prisión que me limita. Me siento encerrada cada vez que mi pareja me cela. No puedo ir a ningún lado sin el reclamo o el disgusto de mi pareja. Si salgo sola, el reclamo es porque salgo, si veo a mis amigos, la discusión es entorno a ellos y si no le cuento todos los detalles de mi vida, se llena de sospechas. No sé a qué exactamente le tiene miedo. No sé si soy yo o algo de mí o es él. Los celos son el protagonista principal de nuestra relación y por momentos me parece que todo gira en torno a ellos. Hay sospechas y dudas que se volverían estúpidas si se enterara de que en verdad no hago nada malo. No soy infiel y nunca lo he sido, y sin embargo, los reclamos parecen como si lo fuera; nada cambia haga lo que haga. Estoy cumpliendo la condena por un crimen que no he cometido. En mis peores momentos he llegado a pensar que no estaría mal de verdad ser infiel un día, para que al menos así tengan sentido tantos celos, tanta humillación; pero también para darle una lección. Sé que es el dolor y el coraje los que me llevan a pensar así, pero también la desesperación; me siento desesperada, frustrada y atrapada (Cristina, 28 años).

Cuando los celos aparecen en una relación de pareja, fácilmente pueden tomar el lugar del amor, la confianza y el respeto mutuo. Las personas que se sienten atrapadas sin salida entre las dudas e inseguridades de su pareja, saben mejor que nadie qué tan alejados están los celos de ser una expresión de amor y cómo pueden destruir incluso el más profundo de los afectos.

Sin embargo, muchas personas, parejas de un hombre o mujer celosa, quieren buscar por todos los medios acabar con estos celos antes de terminar con la relación. Quieren poder hacer ver a quien aman lo auténtico del vínculo y la lealtad que los une, pero han descubierto que lograr esto es mucho más complicado que solamente desearlo.

En este capítulo veremos qué pasos nos pueden ayudar a lograr comunicarnos efectivamente con nuestra pareja, qué elementos pueden ayudarnos a mitigar ciertas inseguridades, y en qué situaciones nos puede beneficiar la ayuda de un profesional.

Es importante, antes de iniciar, tener claridad sobre las situaciones que hacen que nuestra pareja sienta celos. Éstas son todas las cosas que "disparan" sus celos. Los "disparadores" no son necesariamente lo mismo que las causas que los provocan, pero conocerlos es un buen inicio para descubrir la razón o razones de su existencia. También es importante conocer cómo nos sentimos o nos afectan cada una de las situaciones.

A continuación enlistamos algunos escenarios a los que se pueden enfrentar las personas celadas. Junto a cada uno de éstos hay 3 columnas que se contestan de la siguiente manera:

Columna A. Se contesta con la siguiente puntuación:
- Nunca ocurre: 1
- Ocurre a veces: 2
- Ocurre siempre: 3

Columna B. Se contesta con una palabra que define el sentimiento con el cual nos deja la situación cada vez que ocurre.

Columna C. Evalúa numéricamente las soluciones que hemos querido darle, en su momento, a cada situación. Se contesta con una escala de 0 a 3:
- Hemos probado una o más soluciones que no han funcionado: 0
- La solución funcionó parcialmente: 1
- La solución funcionó completamente por un tiempo: 2
- La solución funcionó completa y permanentemente: 3

		Columna A	Columna B	Columna C
1	Mi pareja se molesta si otra persona me coquetea.			
2	Mi pareja se disgusta si establezco contacto con mis ex parejas.			
3	Mi pareja se molesta si saludo efusivamente a otras personas.			

		Columna A	Columna B	Columna C
4	Mi pareja se enoja cuando veo a mis amigos o familiares.			
5	Mi pareja cela a las personas que son más cercanas a mí.			
6	Mi pareja siempre quiere saber qué hago con otras personas y dónde.			
7	Mi pareja me ha llamado para saber si estoy donde dije que estaría.			
8	Mi pareja cree que probablemente estoy siendo infiel si quedo de llamar y no lo hago.			
9	Mi pareja me ha pedido que deje a mis amigos para evitar sus celos.			
10	Mi pareja ha revisado mis mensajes o correos sin mi permiso.			
11	Mi pareja ha sido agresivo/a con otras personas por celos.			
12	Mi pareja ha sido agresivo/a conmigo por celos.			

En la columna A es importante identificar la frecuencia y número de situaciones en las que nuestra pareja expresa celos: a mayor calificación, más celosa podríamos decir que es. Sin embargo, más allá de este número total, es importante anotar las preguntas a las que respondimos afirmativamente: a partir de la pregunta 7, las situaciones presentadas muestran a una persona que no sólo ha experimentado o experimenta celos con frecuencia, sino que ha actuado conforme a ellos. Esto nos da idea de una mayor frustración y enojo ante la aparición de esta emoción o de menos habilidades para manejarla, pero también apunta a situaciones que pueden requerir mayor atención para resolverse.

La columna B representa diversas reacciones ante los celos de nuestra pareja, aunque también pueden estar representadas por una única emoción, como el enojo. Estas reacciones serán importantes cuando conversemos en pareja y tratemos de buscar acuerdos, así que conviene conservarlas para analizarlas más adelante.

Si estas situaciones han sido motivo de discusiones y frustraciones, seguramente hemos querido darle alguna solución. Sin embargo, puede ser que no todas nuestras soluciones o explicaciones hayan resultado efectivas una vez evaluadas (columna C).

Nina Brown (2004) dice que una de las primeras cosas que pensamos cuando tenemos una pareja celosa es encontrar una especie de antídoto para sus celos. Podemos imaginarlo como una conducta o acción nuestra que detenga cualquier inseguridad por parte del otro. En las personas cuyos celos no son necesariamente un problema o son poco frecuentes en la relación, esto puede funcionar. Pero, cuando la persona celosa tiene dudas constantes, cualquier cosa que hagamos aliviará sus celos sólo temporalmente.

Por ejemplo, si nuestra pareja siente celos cada vez que vemos o hablamos con una persona específica, podríamos pensar que dejar de verla detendría sus celos. Desafortunadamente, al poco tiempo encontraremos que otra cosa es ahora la causa de sus dudas. Esto se debe que la razón o razones por las cuales nuestra pareja siente celos no han sido atacadas y analizadas realmente y a que la solución ha sido unilateral; es decir, ha quedado exclusivamente en manos de una de las partes y la persona que vive los celos no ha hecho nada para remediarlos.

Intentando comprender

Para una persona que es celada constantemente, los celos de su pareja parecen irracionales e irremediables. Sin embargo, para la persona que los siente, constituyen un problema real y es fuente de constantes pensamientos y emociones negativas.

El manejo de los celos en pareja requiere que aprendamos a no emitir juicios y tratar de ver las cosas lo más objetivamente posible. Algo que puede ser de gran ayuda es tratar de comprender por qué y cómo afectan los celos a nuestra pareja.

Los celos en una persona pueden ser el resultado de experiencias pasadas con otras parejas o de sucesos que se remontan a su niñez. A raíz de una mala experiencia, por ejemplo, una persona puede encontrar que confiar plenamente en alguien resulta más complicado que para otras personas. Sin embargo, no todos tenemos claro que la forma de relacionarnos afectivamente o la manera en que respondemos a las amenazas percibidas pueden basarse en otras experiencias. Para descubrirlo, la persona debería hacer su propia introspección para descubrir qué aspectos de su pasado tienen una influencia negativa en su personalidad y en el modo en que elige relacionarse con otros.

Otra factor importante es analizar las ideas que generalmente albergan las personas cuando sienten celos. Brown (2004) dice que los pensamientos se definen como una forma de procesar información, y se refieren a cómo asimilamos, damos sentido, conferimos significado y hacemos uso de todo lo que vemos y aprendemos. Es el modo de entender el mundo, pero nuestros pensamientos pueden ser afectados directamente por nuestra personalidad, pasado, conocimientos, actitudes, creencias, valores, habilidades, autoestima, autoconfianza, entre muchas otras cosas. Cuando algo de lo anterior influye en nuestros pensamientos, pueden volverse irracionales e imperfectos.

Por ejemplo, debido a ciertas condiciones médicas, una persona puede dejar de oír claramente. Quizá esta persona no oiga todo lo que se dice a su alrededor, pero el procesamiento de la información en su cerebro "llena los huecos". Esto mismo puede suceder cuando alguien siente celos: ante ciertas circunstancias, su cerebro puede "interpretar" lo que sucede basándose en la información que probablemente tiene poca relación con lo que sucede en la realidad.

Los pensamientos irracionales no son lógicos, objetivos o realistas. Todas las personas los tenemos, pero en algunos individuos pueden aparecer de manera más constante o ser más intensos. Muchas veces no percibimos la aparición de estas ideas irracionales y no reconocemos el impacto que pueden tener en nuestra vida.

Brown (2004) menciona algunos de los pensamientos irracionales de nuestra pareja cuando siente celos:

- Si mi pareja se fija en otra persona significa que no me quiere.
- Cuando mi pareja disfruta de la compañía de otros significa que quiere que me vaya o prefiere pasar su tiempo con alguien más.
- Si mi pareja habla bien de otra persona significa que piensa que a mí me faltan cosas o que yo no soy tan interesante.
- Si yo fuera perfecto, mi pareja no pensaría que ningún otro hombre o mujer es atractiva o admirable.
- Cuando mi pareja parece fijarse en alguien más es porque piensa que no soy lo suficientemente bueno/a.

- Cuando otras mujeres u hombres encuentran atractiva a mi pareja, él o ella pensará que puede encontrar alguien mejor que yo.
- Si mi pareja me amara realmente, nunca querría estar con nadie más, sólo conmigo.

Es interesante notar que muchos de nuestros pensamientos irracionales no cambian con nuestras experiencias. Por ejemplo, una persona que no siente ser merecedora de admiración y atención puede seguir sintiéndose inferior, a pesar incluso de tener evidencia de lo contrario. Es decir, puede ser una persona con una buena vida social, con éxitos profesionales, con amigos cercanos, etc., y aún así centrarse en sus fallas y exagerar sus errores para convencerse de su falta de habilidades.

Los pensamientos irracionales también influyen en lo que escuchamos, vemos y aprendemos todos los días; nos llevan a escuchar lo que nos conviene (o creemos que nos conviene) y a ignorar lo que no consideramos relevante. Así, los pensamientos irracionales de una persona celosa pueden llevarla a pensar que su mujer, por ejemplo, no contestó sus llamadas porque estaba con otro hombre y olvidarse de que ella le dijo que estaría ocupada en una junta extraordinaria de trabajo; o en lugar de darse cuenta de que pasó con él la mayor parte del tiempo en una fiesta, centrarse en el hecho de que saludó a un hombre desconocido y conversó con él un momento.

Otro aspecto importante a considerar en nuestro entendimiento de los factores que pueden despertar celos en una persona es su nivel de autoestima. Muchas de nuestras inseguridades pueden atacarnos fácilmente cuando el concepto que tenemos de nosotros mismos es poco halagador, y somos especialmente vulnerables cuando nos sentimos tristes o derrotados por circunstancias externas a nosotros. El siguiente test nos puede ayudar a explorar cómo está el nivel de autoestima en nuestra pareja (para medir nuestra propia autoestima, incluimos un test en el capítulo anterior):

		Totalmente de acuerdo	De acuerdo	Ni de acuerdo ni en desacuerdo	En desacuerdo	Totalmente en desacuerdo
1	Mi pareja es la primera en señalar los errores de otros.					
2	Mi pareja parece escuchar únicamente las cosas positivas que le dicen de sí mismo/a.					
3	Mi pareja me pregunta constantemente si la/lo amo.					
4	Mi pareja no se siente cómodo/a admitiendo o hablando de sus errores.					
5	Muchas personas y situaciones despiertan fácilmente sospechas en mi pareja.					
6	Mi pareja piensa que muchas personas le tienen envidia.					
7	Parece fácil para mi pareja criticar a otros.					
8	Mi pareja prefiere no discutir con otras personas.					
9	Mi pareja espera absoluta lealtad de todas las personas.					
10	Mi pareja me dice que no se siente suficientemente bueno/a para mí.					
11	Mi pareja se deprime fácilmente si algo le sale mal.					
12	Mi pareja frecuentemente exagera sus logros.					

Para calificar, se otorgan puntos como sigue:

Totalmente de acuerdo: 1 punto
De acuerdo: 2 puntos
Ni de acuerdo ni en desacuerdo: 3 puntos
En desacuerdo: 4 puntos
Totalmente en desacuerdo: 5 puntos

Una puntuación de menos de 36 puede apuntar a una persona cuya autoestima necesita ser fortalecida, ya sea porque esté pasando por una etapa difícil en su vida o porque se ha visto muchas veces enfrentando conflictos que se derivan de una percepción poco halagadora de sí misma. Sin embargo, el tipo de afirmaciones a las cuales dimos más puntos pueden también revelar aspectos importantes de la persona. De hecho, en una primera lectura este test parece describir personalidades distintas; por ejemplo, las afirmaciones "Mi pareja me dice que no se siente suficientemente bueno/a para mí", "Mi pareja prefiere no discutir con otras personas" o "Mi pareja se deprime fácilmente si algo le sale mal", puede describir a una persona que tal vez sea introvertida, insegura y con dificultad para relacionarse con otros. En este tipo de personas, puede ser fácil imaginar que exista un conflicto por baja autoestima. Por el contario, afirmaciones como "Mi pareja frecuentemente exagera sus logros", "Parece fácil para mi pareja criticar a otros" o "Mi pareja parece escuchar únicamente las cosas positivas que le dicen de sí mismo/a", parecieran describir a alguien que, a simple vista, tiene mucha seguridad en sí misma y se conoce lo suficiente para saber qué quiere y cómo obtenerlo. A pesar de esto, en este último caso, las apariencias engañan, y este tipo de carácter, supuestamente extrovertido, suele pertenecer a personas que también sufren de baja autoestima.

Si descubrimos que nuestra pareja puede estar en cualquiera de estos casos, es importante mostrar nuestro apoyo si él o ella decide buscar ayuda. Sin embargo, culpar a nuestra pareja de los problemas que tengamos en relación a sus celos o echarle en cara su falta de estima, no sólo no nos ayuda, sino que puede empeorar las cosas mucho más, especialmente en el caso del segundo tipo de persona que describimos.

Independientemente de la calificación que hayamos dado a la autoestima del otro, es importante recordar que todos, en diferentes momentos de nuestra vida, podemos sentirnos mal y requerir de ayuda, apoyo o guía para elevar nuestra autoestima a un nivel mucho más saludable. Por eso, si notamos que nuestra pareja se siente vulnerable o está pasando por un mal momento, tal vez le ayude más que estemos cerca y nos mostremos empáticos que tratemos de analizar sus problemas o darle un diagnóstico.

UNO MÁS UNO SON COSAS DE DOS

El manejo ideal de los celos requiere de una profunda revisión personal de nuestros miedos y el apoyo de las personas que amamos. Si nuestra pareja es invadida por los celos, nuestra relación se puede beneficiar y fortalecer en la medida en que ambos participemos de la solución. Por eso, es esencial tener en mente que si la persona amada no muestra interés en cambiar para superar sus inseguridades, no hay mucho que podamos hacer por nuestra parte.

Únicamente cuando ambos miembros en la pareja están dispuestos a hablar sobre lo que sienten sin culparse o agredirse y a responsabilizarse por lo que a cada quien le corresponde, el manejo exitoso de los celos se vuelve una realidad.

Por eso, aun si los celos son sólo de nuestra pareja, la mejor solución sigue siendo hablarlo entre los dos. Cuando nuestra pareja puede comunicar sus sentimientos y dudas sin sentirse juzgada, los celos van perdiendo su intensidad y se vuelven progresivamente menos amenazantes.

Escuchar que nuestra pareja siente celos puede ser más difícil que enojarnos y alejarnos de ella cuando más necesita de nuestra empatía y apoyo. Tampoco es fácil no culpar a nuestra pareja de los problemas generados por los celos, pero convendría, antes de hacerlo, revisar también los propios sentimientos de culpa. Éstos pueden ser provocados por una sensación de responsabilidad ante lo que siente nuestra pareja; es decir, provienen de creer que somos nosotros o las cosas que hacemos las que lo o la "hacen sentir" mal. La realidad es que nadie puede "hacer sentir" nada a nadie, y desde luego, si fuera tan sencillo manipular nuestros sentimientos, seríamos nosotros los primeros en evitarnos y evitarle al otro la pena.

Cuando decidimos escuchar lo que nuestra pareja está sintiendo, podemos reaccionar y tratar de arreglar las cosas para que deje de sentirlos. Sin embargo, este tipo de ayuda no es precisamente la que él o ella necesita, pues todo lo que hace falta es escuchar: escuchar su sentir y expresar el nuestro, entender lo que nos dice y tratar de empatizar con el dolor que puede estar detrás.

Algunos terapeutas recurren a una técnica conocida como "reflejo simple" o "reflejo de primer nivel" para trabajar con los sentimientos más complejos o intensos de sus clientes y de la cual podemos retomar algunos elementos. Esta técnica consiste en "reflejar" o repetir lo que la persona nos está diciendo, de modo que facilite nuestro entendimiento del discurso escuchado y a quien habla asimilar su significado. Por ejemplo, si nuestra pareja dice: "Me siento ignorado cuando estás con tus amigos y platicas con ellos de cosas que yo no entiendo y se ríen de cosas que desconozco", un reflejo simple podría ser este: "Entiendo que cuando platico y río con mis amigos de cosas que no entiendes o conoces, te sientes ignorado". Este ejercicio, por más simple que parezca, tiene el efecto inmediato, para la otra persona, de una sensación de comprensión y acompañamiento.

Es importante, además, antes de comenzar cualquier conversación, asegurarnos de que ambas partes están en disposición de hacerlo y se sienten lo suficientemente relajadas para expresar lo que sienten sin agredirse o culparse mutuamente. Si nuestra pareja parece estar abrumada por las emociones negativas que los celos pueden causar, lo más recomendable es aislarse y permitir que él o ella se sienta más tranquila.

Iniciar una plática cuando una de las partes está especialmente irritable o frustrada, sólo hará que la otra parte se contagie del sentimiento. De hecho, una conversación se puede comenzar en completa tranquilidad y en algún momento tornarse agresiva. Si esto sucede, es necesario detenerla y buscar otro espacio o momento para reiniciarla. Puede incluso ser necesario traer a alguien más como mediador, y lo ideal sería un terapeuta.

Un buen primer paso antes de comenzar a hablar, es revisar nuestras propias acciones y cómo estas se reflejan en la dinámica de nuestra relación amorosa. Encontrar las causas que despiertan celos no es fácil para muchas personas, pues a veces están disfrazadas u ocultas en sucesos o rutinas que, por su cotidianeidad, pasan inadvertidas. Por eso, aunque también a nuestra pareja le corresponda una revisión del motivo de sus inseguridades, puede ser de gran ayuda pensar cómo nos hemos comportado en el contexto de la relación:

- ¿Le he dicho a mi pareja últimamente que la amo?
- ¿Siento que he apoyado a mi pareja cuando lo ha necesitado?
- ¿He olvidado algún aniversario o fecha importante para mi pareja?
- ¿Le he dicho a mi pareja últimamente las cosas que aprecio de ella y de nuestra relación?
- ¿He incluido en lo posible a mi pareja en mis proyectos importantes?
- ¿Siento que mi pareja y yo nos comunicamos efectivamente?
- ¿He hecho algo que haya afectado la confianza de mi pareja en mí?
- ¿Siento que mi pareja y yo nos hemos alejado?
- ¿Tenemos claro qué tipo de relación llevamos mi pareja y yo y qué podemos esperar el uno del otro?
- ¿Compartimos los mismos objetivos como pareja?
- ¿Existen cosas que le conciernen a mi pareja y he omitido mencionar con ella?

La idea de pensar estas preguntas no es buscar culpables, actos o personas, sino recolectar todos los elementos posibles para buscar soluciones que beneficien a ambos. Si trabajamos en conjunto para expresar lo que sentimos, escucharnos y darnos cuenta de cómo participamos, reconoceremos más fácilmente cómo podemos ayudarnos mutuamente.

TODO EN PERSPECTIVA

Cuando nuestra pareja siente celos y nos describe el sufrimiento que le provocan, podemos estar tentados a hacer promesas que no queremos o podemos cumplir del todo. Por eso, los cambios acordados una vez que hablemos en pareja, deben tener las siguientes características:

- *Deben ser cambios positivos.* Es decir, centrarse en lo que podemos mejorar, como pasar más tiempo juntos, expresar lo que sentimos uno por el otro, recordar las cosas que son importante para la otra persona, etcétera.
- *No deben ser cambios drásticos.* Esto implica establecer objetivos realistas y alcanzables. Nadie puede modificar su personalidad por petición de otro o hacer cosas que vayan contra sus propios principios o intereses.
- *No pueden ser cambios injustos.* Cortar una amistad, cambiar nuestra apariencia, abandonar nuestros intereses o alejarnos de nuestros familiares, no sólo son injustos sino que, a la larga, no ayudan en nada a cambiar los celos de nuestra pareja. Es una solución fácil en apariencia, pero no termina con el origen del problema.
- *Deben implicar, principalmente, a la persona que experimenta los celos.* La persona que los padece debe responsabilizarse de sus inseguridades y miedos y combatirlos por su propio bien y el de la relación.

Brown (2009) apunta también que cuando nuestra pareja está sintiendo celos, podemos sentirnos tentados —aunque no resultaría benéfico— a hacer cualquier cosa como lo siguiente:

Analizar los celos. Cuando sabemos que nuestra pareja está pasando un momento difícil por los celos, resulta tentador darle una opinión o explicación de lo que nosotros creemos que le está sucediendo o hacer un análisis del porqué de sus celos para tratar de resolver la situación. Sin embargo, esto puede agravar las circunstancias y hacer que nuestra pareja se sienta atacada y actúe a la defensiva.

Cambiar de tema. La intensidad de las emociones que acompañan a los celos pueden hacernos querer huir en vez de enfrentar la situación. Si nuestra pareja expresa alguna duda o inseguridad y nosotros insistimos en desviar el tema, los celos no desaparecerán, y pueden hacer que él o ella se sienta devaluado/a o ignorado/a, empeorando la situación. Si creemos que posponer esta conversación y buscar un momento donde ambos nos sintamos más tranquilos puede ser mucho mejor, es importante expresarlo y dejar en claro que, aunque deseamos escuchar lo que nos tiene que decir, preferimos hacerlo después.

Dejarse "enganchar". Cuando nuestra pareja siente celos y los expresa con enojos y reclamos, podemos fácilmente dejarnos llevar por la frustración que está sintiendo y responder de la misma manera. Si ambos nos dejamos llevar por estos sentimientos y su negatividad, es difícil que lleguemos a cualquier acuerdo. Entonces, lo mejor será tranquilizarnos para poder conversar.

Pedir perdón y tratar de arreglar las cosas. Algunas personas sienten que deben pedir perdón cada vez que su pareja se siente insegura o deben arreglar algo para que él o ella se sientan mejor.

Esto no resuelve de ningún modo el problema, y puede mantener la falsa ilusión de que debemos cambiar algo para terminar con una emoción que no experimentamos nosotros.

Vengarse. Cuando nuestra pareja ha vivido un episodio de celos y nos hace algún reclamo doloroso, podemos guardarle algún tipo de rencor y desear causarle el mismo daño. Si esto nos sucede, es importante recordar que los celos no son una emoción que se pueda atacar causando más dolor y creando un ciclo de agresión que sólo tenderá a crecer.

Involucrar a otros. No es lo mismo pedir apoyo cuando necesitamos que nos escuchen, que incluir a alguien en nuestro conflicto de pareja. Pedirle a alguien cercano que tome partido puede hacer que la otra persona se sienta agredida y, por lo tanto, mucho menos dispuesta a trabajar sus inseguridades.

Hasta ahora, hemos revisado algunos aspectos importantes si nuestra pareja siente celos y desea expresarlos y trabajarlos. He aquí una recapitulación de los puntos más relevantes:

1. *Es importante hacer un esfuerzo por comprender lo que puede pensar y sentir nuestra pareja.* Para una persona celada puede ser difícil comprender el origen de las dudas de su pareja o las cosas que la hacen dudar de la relación. Generalmente, como ya mencionamos, los propios celos se tienden a ver como justificados, mientras los de los demás como absurdos o infundados. Sin embargo, al inicio del capítulo analizamos por qué los celos que experimenta una persona se viven como reales, amenazantes y causantes de estrés, enojo, dolor, frustración, etcétera.

2. *Es esencial saber escuchar sin juzgar.* Lo que más puede beneficiar a una persona que siente celos es, sin duda,

expresarlo. Hablar sobre nuestras dudas e inseguridades no sólo nos ayuda a asimilarlas mejor, nos da la oportunidad de desahogarnos y evitar sentir la necesidad de actuar contra otros.

3. *Es importante saber cuándo conversar.* Si nuestra pareja está pasando por un momento difícil y creemos que la plática se puede tornar agresiva, será importante buscar un momento en el cual cada quien se sienta más tranquilo y con mayor comprensión sobre lo que desea expresar.

4. *Es necesario ser realistas.* Cuando sabemos que alguien amado está sufriendo, podemos creer que haciendo muchas promesas aliviaremos su dolor y terminaremos con sus celos. El problema surge cuando estas promesas se basan en cambios radicales, muy difíciles o de los cuales no estamos convencidos. Esto no sólo es injusto para ambas partes, sino que no cambiará las cosas y puede muy fácilmente empeorarlas cuando nos vemos irremediablemente obligados a incumplir acuerdos. Lo ideal, entonces, es establecer objetivos realistas que sintamos alcanzables y de los que ambas partes participen.

5. *Es importante evitar tentaciones.* Pueden surgir cuando creemos que podemos solucionar por nuestra cuenta el episodio de celos que vive nuestra pareja o cuando pensamos que lo podemos evadir por completo. Estas tentaciones, como involucrar amigos o familiares, evitar el tema o transformar el problema en violencia, crea otros que complican al máximo los que ya tenemos y debemos resolver.

Cuando los celos matan

El 26 de septiembre de 1999, Gladys Ricart estaba vestida de novia, a unas horas de casarse en Nueva Jersey. Su nueva relación era muy diferente a la que había tenido con su novio anterior, Agustín García, un hombre apreciado por la comunidad en la que hacía trabajo voluntario con jóvenes. Sin embargo, a pesar de que la relación ya había terminado hacía nueve meses y ella había encontrado el amor en otra persona, Agustín no la dejaba tranquila. Este hombre parecía querer controlarla como lo había hecho cuando estaban juntos; la llamaba insistentemente, la seguía, le dejaba flores en su casa y le rogaba que considerara volver con ella. Gladys, por el contario, no sabía cómo deshacerse de él y empezaba a temer por su seguridad, pensando que tal vez nunca estaría tranquila. A pesar del acoso que vivía, aquel día de septiembre era una ocasión feliz, y mientras su familia tomaba fotos y grababa un video de la novia y sus invitados, Agustín irrumpió en la celebración y le disparó, matándola. Los abogados basaron la defensa de García en sus celos incontrolables, buscando que el jurado le diera una sentencia menor por ser un "crimen pasional". Pero, el jurado juzgó el asesinato como un crimen premeditado y Agustín cumple hoy una sentencia de cadena perpetua.

Como Gladys, muchas mujeres han vivido relaciones en que los celos se han convertido en violencia; mujeres cuyas relaciones amorosas se han convertido en una especie de prisión de la cual sienten que no pueden salir. Cuando escuchamos sus historias, nos damos cuenta del daño terrible que puede resultar de la inseguridad y la necesidad de control de una persona; y a veces, no podemos evitar preguntarnos cómo alguien pudo llegar tan lejos sin que la otra parte pusiera un alto a tanta violencia. La respuesta es que las cosas nunca son tan simples: cuando una persona vive en una relación violenta, puede seguir amando a su agresor y desear y esperar que él o ella cambie. Es decir, la persona agredida quiere que la violencia termine, no la relación.

Cuando lo conocí jure que era el hombre más divino del mundo. Yo había estado conviviendo con él porque estudiábamos juntos y todo lo que la gente decía es que era maravilloso: buen estudiante, buen amigo, buen hijo y buen hermano. Cuando empezamos a salir, sentía que todas me envidiaban, sobre todo por lo especial que me hacía sentir con las cosas que me decía y hacía por mí. Nunca había un favor que no quisiera hacerme, y hasta empezó a llevarme y traerme de la escuela para que yo no tuviera que caminar o tomar un camión. Un día me regaló un brillo de labios y me encantó la idea de que por fin un hombre tuviera el detalle de regalarme algo original y útil; yo siempre había usado colores muy fuertes para maquillarme y cuando me dio el brillo me dijo que mis labios eran naturalmente bellos y no necesitaba cubrirlos con pintura. Ese cumplido logró que yo tirara todos los labiales que tenía en mi casa y me pusiera su regalo todos los días. Ese fue sólo el principio, después del maquillaje me regalo perfumes, ropa, zapatos... y claro, yo me lo ponía todo porque no quería despreciarlo. Llegó un momento en que prácticamente me vestía de pies a cabeza con todo lo que él había escogido, y como si no fuera suficiente, empezó a opinar sobre todo lo demás: el modo de arreglarme el pelo, el tipo de personas con las que me llevaba en la escuela, el tipo de música que oía, las películas que veía, etc. Entonces empecé a sentirme atrapada. Ya no me emocionaba recibir regalos de él ni que opinara sobre lo que usaba; ya no me hacía gracia que fuera por mí a la escuela y quisiera saber en dónde estaba a todas horas. Si por alguna razón no lo llamaba cuando le había dicho, no me lo perdonaba. Sus celos eran insoportables, y cualquier persona que él creía que se acercaba a mí con intenciones de seducirme o si él creía que alguien estaba tratando de alejarme de él, no descansaba hasta que sacaba a esa persona de mi vida, fuera quien fuera. Poco a poco, sus reclamos aumentaron; ya no sólo me decía lo que no le parecía, sino que me tachaba de insensible, desconsiderada y tonta. Empezó a acusarme de serle infiel, a pedirme mi celular para checar mis llamadas y a aparecerse en la escuela para, según él, cacharme con las manos en la masa. Para entonces, mi vida ya era un infierno; me sentía vigilada y acosada, presa de los deseos de mi novio, que ahora me insultaba y hacía escenas de celos casi todos los días. Muchas veces pensé en terminar la relación, pero mis amigas me juraban que cualquiera moriría por andar con alguien tan guapo e inteligente, tan atento, tan carismático. Además, cuando peleábamos fuerte, él era el primero en pedir perdón y jurarme que se controlaría la próxima vez porque me amaba y no quería perderme. A pesar de eso, yo me sentía cada vez más triste y empecé a ir a terapia. Durante las sesiones me di cuenta de que aunque quería a mi novio, él necesitaba ayuda para poder cambiar, porque la relación se estaba volviendo cada vez más violenta y yo cada vez tenía menos amigos. Hoy que tengo otra relación, veo las cosas muy diferentes; no hay punto de comparación. Sólo me hubiera gustado saber lo que sé ahora cuando inicié esa relación (Alejandra, 26 años).

Cuando los celos se convierten en violencia, la relación amorosa que tenemos, en vez de ser una fuente de apoyo y crecimiento, basada en el respeto y la confianza mutua, se vuelve una forma de abuso constante que mina la confianza, la autoestima y las esperanzas de la persona que es violentada. Por eso resulta esencial reconocer si una relación ha dejado de ser saludable para ambas personas y es necesario terminarla, buscar ayuda.

Cuando hablamos de violencia, generalmente las ideas que llegan a nosotros se relacionan con el daño físico, los golpes y la agresión que se asocian a este concepto. Sin embargo, distintos tipos de violencia pueden ejercerse hacia otra persona:

- *Violencia psicológica*: Es la forma más común y la más difícil de distinguir. Son todas aquellas acciones y palabras que poco a poco destruyen la autoestima y valía de la persona que la vive. La persona que la ejerce sobre su pareja puede celarla en exceso, ignorar sus sentimientos, menospreciar sus opiniones, criticar su forma de vestir, decir que está loco/a, minimizar sus necesidades, controlar lo que dice y hace, decirle que nunca nadie la aceptará o amará como él o ella, decirle que no vale nada sin él o ella, vigilarla, amenazarla con lastimarla o lastimarse, insultarla, humillarla o burlarse de sus opiniones o sentimientos, intimidarla, entre otras cosas.

- *Violencia sexual*: Incluye cualquier acoso o acto sexual al que se obliga a alguien y puede ir desde insinuaciones y tocamientos, hasta la violación. La violencia sexual también incluye la burla o crítica hacia el cuerpo y sexualidad de la otra persona, obligar a alguien a ver material sexualmente explícito (pornografía), usar las relaciones sexuales como "premio" o "castigo" (negarse a tener relaciones para obtener algo a cambio y aceptar cuando ese algo se obtiene), vengarse si no se tienen relaciones sexuales, buscar sólo el propio placer, tener demostraciones sexuales públicas con la pareja que incomoden a la otra persona, etcétera.

- *Violencia económica*: Que puede ser no aportar dinero a la casa (cuando él o ella es la única persona que lo gana en la familia), desembolsar en forma innecesaria el dinero y negarlo para algo vital, obligar a la otra persona a pedir dinero, mentir sobre las posibilidades económicas, impedir al otro trabajar o mantener su empleo, quitarle el dinero que gana y controlar sus gastos (Ruiz y Fawcett, 1999).

Para una persona que vive una relación violenta, darse cuenta de su situación puede ser difícil. Esto se debe a que casi todas estas relaciones comienzan como cualquier otra, y la violencia, una vez que aparece, crece poco a poco hasta que se instala en la cotidianeidad de la relación. Por otro lado, no todo en una relación violenta es agresión; las personas violentadas aman a su pareja por todos aquellos momentos en que demuestran cariño y preocupación por ellas.

Esta mezcla de momentos dulces y amargos, de sentimientos positivos y negativos, forma parte de lo que hoy los expertos conoce como el ciclo de la violencia, y que tiene etapas bien definidas:

- *La tensión se acumula*: En esta etapa, las discusiones y los reclamos aparecen, se vuelven cada vez más intensos y frecuentes. La persona que vive la violencia puede tratar de modificar sus actividades diarias y volverse más atenta o cariñosa con la intención de evitar la ira de su pareja. Sin embargo, nada que ésta haga puede evitar que la otra persona se vuelva irritable y comience a amenazarla, a reclamarle y a agredirla verbalmente.

- *Explosión de violencia*: Cuando la tensión se incrementa al máximo, la persona que ejerce la violencia "explota" y agrede física o verbalmente al otro. Es una fase breve pero dañina.
- *Luna de miel*: El agresor se transforma en una amante arrepentido y amable, que pide disculpas y promete que nunca volverá a ser violento. Para convencer a su pareja de su arrepentimiento puede usar frases como "no te merezco", "no soy nada sin ti", "si me dejas no quiero seguir viviendo" o decir que buscará ayuda. La persona violentada, por su parte, se siente necesitada y valorada, y piensa que las demostraciones de afecto de su pareja harán que cambie su actitud. Incluso, en esta etapa la persona violentada puede asumir la responsabilidad por la violencia (es decir, pensar que quizá hizo algo para provocarla) y sentirse culpable de haber querido terminar la relación.

Después de la "luna de miel", puede haber un tiempo de tranquilidad, pero gradualmente la tensión se volverá a acumular y las discusiones y la violencia volverán a aparecer. Este ciclo puede repetirse una y otra vez, y en cada ocasión reaparecerá la esperanza de la persona violentada de que las cosas cambien y su pareja pida ayuda. De hecho, este ciclo se convierte poco a poco en una espiral peligrosa, pues las "explosiones de violencia" sólo tienden a crecer con el tiempo, poniendo en riesgo la vida de los involucrados.

Por todo lo anterior, es esencial considerar todos los detalles que nos hagan ver que los celos de nuestra pareja pueden salirse de control al punto de lastimarse o lastimarnos. He aquí algunas situaciones que merecen especial consideración:

Nuestra pareja está obsesionada con controlar y vigilar todos nuestros actos. Por eso, le resulta necesario revisar las pertenencias, correos, llamadas y mensajes que hacemos o recibimos, seguirnos a nuestra casa, escuela, trabajo o reuniones con amigos y familiares. Esta vigilancia incluye llamarnos para verificar que estamos donde dijimos o pedirle a otras personas que nos observen.

Me di cuenta de que los celos de mi pareja estaban fuera de control cuando perdí casi todo el dominio sobre mi vida. Ya no salía sin pedirle permiso a mi novio. Debía decirle todo el tiempo dónde estaba, en qué momento salía de mi casa y a qué hora me iba del trabajo. Tenía que asegurarme de estar pendiente del teléfono celular, de que el aparato tuviera pila y suficiente crédito para llamarle si me lo pedía. Si un día me tardaba unos minutos más en llegar a mi casa del trabajo y no estaba ahí para contestar el teléfono, comenzaba a insultarme y amenazarme. Tampoco estaba tranquila sola: más de una vez le pidió a algún conocido suyo que me vigilara, y un día en que tome un camión con una ruta distinta para llegar a mi casa, no tardó en llamarme para decirme que alguien me había visto y que más me valía no estarlo engañando por que me costaría caro. Hoy que ya no estoy con él, veo las cosas desde otra perspectiva y me sorprende no haberme dado cuenta del peligro que corría al lado de una persona así. Juro que nunca más dejaré que nadie me controle otra vez (Raquel, 18 años).

Nuestra pareja nos limita o prohíbe el contacto con amigos y familiares. Para justificarse, puede decir que otras personas no lo estiman o aprecian lo que siente por nosotros y "nos meten" ideas, que nos hacen daño, nos buscan por conveniencia, que envidian, etcétera.

Alfredo fue mi primer novio. Nos conocimos en la adolescencia y terminé casándome con él. Estaba tan acostumbrada a su manera de ser, que no sabía que las cosas en pareja podían ser diferentes. En cuanto nos fuimos a vivir juntos, empezó a limitar todas mis actividades y el contacto que tenía con otras personas con el pretexto de que no podía evitar celarme. Pronto, ya no podía salir de mi casa sin su permiso, y las visitas a casa de mis papás eran contadísimas. Como siempre fuimos una familia unida, todos empezaron a sospechar algo cuando les dejé de hablar e inventaba excusas para no ir a sus reuniones. Si no es porque un día mi hermano y mi papá se aparecieron para pedirle una explicación a mi marido, no se hubieran enterado de nada. Hablé con ellos y lloré muchísimo. Ese mismo día me regresé a casa de mis papás y nunca más volví con Alfredo (Mercedes, 34 años).

Nuestra pareja da poco o ningún valor a nuestras opiniones, principios y sentimientos. Esto se refleja, muchas veces, en pequeños detalles mientras conversamos y nos dejan una sensación de humillación o tristeza. Por ejemplo, puede decir cosas como "¿Cómo es que no has leído ese libro? Todas las personas inteligentes que yo conozco lo han leído" o "Te lo explicaría, pero no creo que me entiendas" o "Eres demasiado ingenuo/a, por eso, necesitas que te ayude a decidir qué hacer".

Yo creía que mi relación con Erika era muy linda. Sin embargo, cuando le presenté a mis amigos, le parecieron mucho mejores que yo, y me lo dijo tal cual. Quería poderme presumir y sentirse, según dijo, orgullosa de mí. Yo me sentí muy mal pero lo dejé pasar. Poco después, había ya hecho una lista de las cosas que, según ella, yo necesitaba mejorar: ser capaz de hablar, al menos, dos idiomas… como mi amiga Graciela; hacer una maestría… como mi amiga Paulina; bajar de peso y vestirme con otro tipo de ropa… como mi amigo Carlos; cortarme el pelo con el peluquero de mi amigo Tito… y la lista era interminable. Nunca he sido una persona que no quiera superarse, pero Erika quería que yo fuera una combinación de las cosas que veía en otros y no yo mismo, con quien por cierto, me siento muy a gusto (Sergio, 32 años).

Nuestra pareja nos ha agredido físicamente. El ciclo de la violencia empieza con un golpe, un momento de agresión o explosión que desgraciadamente tiende a repetirse, pues es rarísimo que sólo se dé una vez en el curso de una relación. Si esto sucede, debemos insistir en buscar ayuda para ambas partes, pues como hemos visto, la violencia sólo tenderá a incrementarse.

Siempre dije que el día que alguien se atreviera a ponerme una mano encima, le quitaría a golpes las ganas de volver a hacerlo (sin mencionar que lo dejaría en el acto). Hasta que me pasó a mí. La primera vez que mi marido me golpeó, fue en nuestra luna de miel. Nunca antes me había alzado la voz, mucho menos una mano. Discutimos por algo de la boda y las cosas fueron poniéndose tensas hasta que me abofeteó muy fuerte. Acababa de empezar mi matrimonio y eso fue el mejor pretexto para decidir darle una segunda oportunidad (después de todo, me pidió mil perdones). Desgraciadamente, unos tres meses después volvimos a discutir, perdió el control, y me volvió a pegar. Me costó años decidirme a dejarlo, pero por fin me di cuenta de que no cambiaría sólo porque yo lo amara mucho (Gaby, 29 años).

Nuestra relación nos quita energía y nos hace sentir deprimidos. Ni siquiera las relaciones más perfectas tienen siempre momentos de felicidad. Sin embargo, cuando la mayor parte del tiempo las cosas parecen más difíciles que agradables, quizá sea tiempo de reflexionar si continuar en ella es sano y benéfico para nosotros. Después de todo, en las relaciones saludables nos sentimos en libertad de ser nosotros mismos y nos permiten crecer y sentir que podemos ser mejores personas.

Yo sentía que tenía problemas en mi relación, pero no me di cuenta de hasta qué punto las cosas estaban mal hasta el día en que, platicando con mis amigas, comprendí que ninguna de ellas era tan controlada y celada por sus parejas y ninguna peleaba tan seguido como yo. "¿Cómo?", les dije, "¿Ninguna de ustedes pelea diario?" Como era mi primera relación formal, no tenía ningún parámetro con el cual comparar lo que estaba viviendo y me cayó como piedra darme cuenta de que mi relación era un infierno. Me sentía triste y deprimida todo el tiempo; me dejé engordar y olvidé todas las aspiraciones e intereses que alguna vez tuve. Era una mujer cuando estaba con mi pareja (tímida, distante, insegura, triste) y otra cuando no (alegre, platicadora, entusiasta). En los momentos de mayor frustración, me sentía como miserable. La experiencia fue horrible, pero por lo menos me ayudó a aprender que, sin importar cuánto ame a otra persona, primero estoy yo (Noemí, 31 años).

La gente a nuestro alrededor se ha mostrado preocupada por nuestra situación. Las personas en torno nuestro no siempre verán de la misma manera que nosotros a nuestra pareja. Sin embargo, si nos han manifestado su preocupación por el tipo de relación que vivimos si notan que nos ha cambiado negativamente, sería muy buena idea analizar si sus miedos están fundados en hechos que tal vez nosotros hemos pasado por alto.

Yo estaba muy enamorado de Lorena. Quiero pensar que así era porque por algo duré con ella el tiempo que duré y al principio veía todo color de rosa. Desde que la llevé a casa de mis papás empezaron los problemas. A nadie de mi familia le cayó bien y ella tampoco demostró mucha simpatía hacia ellos. Con el tiempo las cosas sólo fueron empeorando porque mis parientes opinaban que la chava me había cambiado para mal y hasta me veían desmejorado. Yo sabía que sí teníamos problemas, pero la verdad no quería admitirlo, además de que no quería dar mi brazo a torcer con mi familia. Un buen día ya no pude ocultar mis ojeras y mi desgano por todo. Era obvio que tenía problemas fuertes y que mi relación me estaba acabando. Eso ya ni siquiera podía llamarse pareja porque más bien era un infierno. Ya no estoy con ella, pero ahora escucho con más atención lo que opinan de mis novias las personas que me conocen y me quieren (Octavio, 30 años).

Para muchas personas, el límite entre los celos que siente su pareja y pueden considerar "tolerables" *vs.* los celos inaceptables, radica precisamente en el modo en que su pareja actúa ante una duda o inseguridad. La violencia es el umbral que muchos no están dispuestos a pasar ni permitir que otros pasen. No obstante, aunque el enamoramiento surge de manera natural en muchas personas, no garantiza que sepamos distinguir cuál es el mejor modo de relacionarnos con quien amamos y cuál la diferencia entre una relación saludable y una destructiva. En los próximos capítulos hablaremos de las bases sobre las cuales cada pareja debe trabajar para aprender a comunicarse mejor y encontrar el balance adecuado entre los intereses de ambos y el de la pareja.

CAPÍTULO CINCO

¿Si no te celo no te amo?

Aunque parezca difícil de creer y a pesar de todas las historias de celos escuchadas o leídas, hay personas para quienes esta emoción no significa un problema importante en sus vidas amorosas: a diferencia de quienes experimentan celos más frecuentemente, no han sido estudiadas específicamente, pero en las entrevistas realizadas a muchos de ellos, hemos podido constatar que esta falta se celos no proviene de una incapacidad emocional o falta de afecto por otros. Muchas refieren no haber sentido nunca celos en su vida y haber crecido sin el conocimiento de los efectos que esta emoción podría tener; algunas puede identificar circunstancias en su vida que les ayudaron a aprender muy temprano cómo evitarlos; otras, simplemente consideran la falta de celos como un rasgo de su personalidad. Este grupo de personas, al parecer, siempre han tenido una confianza natural en sí mismas y se refleja en las relaciones que establecen con otros individuos; sin embargo, esto no quiere decir que si tuvieran que enfrentarse a una situación de pérdida inevitable de quien aman, no sufrirían o no podrían, en cierto grado, experimentar enojo, frustración o, desde luego, celos.

Yo nunca he sentido celos, será porque crecí con un montón de hermanos con quienes había que compartirlo todo, no sólo las cosas materiales sino los afectos de mis padres y el resto de la familia. Para mí, compartir siempre ha sido fácil y ahora que tengo novia y ella tiene muchos amigos, me parece de lo más natural. No creo que mi pareja me pertenezca de ninguna manera ni que tengo que "defenderla" o defenderme de nadie. No sé, los celos simplemente no son lo mío (César, 35 años).

Sé que los celos pueden ser terribles porque he visto que mis amigas los sufren de vez en cuando, pero para mí las cosas son diferentes. Al principio pensé que era rara porque yo no tenía de qué quejarme al respecto, pero luego me di cuenta de que la afortunada entre ellas era yo, porque no tenía que pasarme el día comiéndome las uñas por saber qué estaba haciendo mi novio (Karina, 24 años).

Nunca he sido celosa, creo que la vida es demasiado corta para no aprovecharla en agradecer lo que se tiene y darle algo a los demás. No siempre pensé así, pero a raíz de haber tenido que luchar con una terrible enfermedad, mis prioridades cambiaron profundamente (Jackie, 31 años).

Yo nunca he sido celosa, pero si alguna vez tuve ganas de experimentar qué se sentía, se me quitaron cuando tuve una pareja que me celaba todo el tiempo. Me controlaba al punto de quitarme el celular si veía que tenía grabados teléfonos de hombres, aunque fueran de mi familia. Después de darme cuenta del daño que le haces a la otra persona y a la relación, decidí nunca repetir el patrón con mis otros novios (Viridiana, 25 años).

Esas personas, por envidiables que parezcan, han tenido que enfrentarse a la idea generalizada de que los celos son amor y si no existen, significa que hay falta de interés por parte del otro.

Yo nunca he sido celoso y con mis novias en realidad no había tenido ningún problema hasta que conocí a Valentina. Ella me platicaba de sus amigos en la escuela y de lo mucho que los quería y yo la oía emocionado porque me parecía encantador que fuera tan sociable. Un día me preguntó si no me daban celos y le dije que no, pero la siguiente vez que me lo preguntó ya estaba enojada e indignada. Me dijo que cualquier otro hombre en mi situación ya estaría echando humo por la cabeza y que la única conclusión a la que podía llegar era que ella no me importaba. Entre los dimes y diretes hubo veces en que la escuché hablando por teléfono frente a mí con alguno de sus amigos en tono muy cariñoso lo cual, sospechaba yo, era todo planeado para probar mi reacción. Pero nada. Discutimos y discutimos por lo mismo y yo, por más que lo intentaba, sentía que la amaba mucho y confiaba en ella lo suficiente para no celarla. Hubo un momento en que consideré seriamente fingir lo que yo creía que ella necesitaba oír y la reacción que seguramente esperaba ver en mí, pero decidí no involucrarme en mentiras absurdas. La relación terminó tiempo después, y sinceramente creo que la parte final del problema sí fue mi falta de celos (Francisco, 37 años).

Aparte de las personas para quienes los celos parecen ajenos, hay un grupo de individuos que han logrado hacer sus celos a un lado a partir de experiencias desagradables que tuvieron su origen en acciones o decisiones que tomaron cuando se dejaron llevar por esta emoción:

Un tiempo fui muy celoso e hice cosas muy locas. Llegué a contratar personas para espiar a mi mujer mientras iba al súper o a descolgar el teléfono cuando ella estaba hablando. También llegué a revisar sus cosas para encontrar pruebas de que andaba con otro y me la pasaba pensando en lo que haría el día en que por fin descubriera que me era infiel. Un día, por puro ocio, me puse a sacar cuentas: había gastado un dineral en el detective privado (que por cierto nunca encontró nada) y había consumido mucho tiempo en mi obsesión por vigilarla. Mi vida daba pena, sobre todo a mí, porque tenía muchos proyectos incompletos y amigos a los que no contactaba hacía meses. Y así, de un día a otro, dejé todo; dije "hasta aquí". Dejé de vigilarla, de contratar detectives, de pasarme el tiempo celándola... todo. Pensé que si quería pintarme el cuerno, de todos modos lo iba a hacer y yo no podía seguirme consumiendo por algo que me afectaba principalmente a mí. Si nunca me era infiel o si lo hacía, yo de todos modos iba a acabar mal física y emocionalmente porque todo lo que hacía era francamente desgastante. Desde ese día no ha habido vuelta atrás. Los celos no han vuelto a ser un problema en mi vida. Bueno, más bien, ya no he vuelto a dejar que lo sean (Pablo, 43 años).

Para otros, los celos llegan a su fin cuando perciben que la situación creada en torno a ellos ha puesto en peligro su relación:

Yo puedo ser muy celosa si me lo propongo. Hago todas las locuras imaginables y francamente puedo ser muy asfixiante. La relación que ahora tengo empezó así, de hecho. No sé a qué le tenía tanto miedo pero no podía estar tranquila ni un segundo. Cualquier llamada que le hacían a mi esposo, cualquier minuto más que se tardaba en la oficina, cualquier secretito que me guardaba y hasta cualquier manchita en su camisa era pretexto para empezar a discutir si yo sentía que podía estar pintándome el cuerno. Era una locura: en un momento le estaba reclamando y al otro le decía que si hacía algo más le valía que yo no me enterara y que si me pegaba algo, alguna enfermedad, se las iba a ver conmigo. Un día, después de horas de gritarle en el teléfono, llegué a mi casa y me estaba esperando con sus cosas empacadas. Me dijo que hasta ahí llegábamos porque ya no podía ni sabía cómo hacer para que dejara de acosarlo y celarlo. Fue muy firme en lo que me dijo; no me grito ni me insultó ni me amenazó, sólo me puso los puntos claros. Yo no podía creerlo, y sí, la verdad todo lo que me dijo era real. Nuestra relación estaba basada sólo en pleitos que iniciaban con mis celos, y todo lo que sentíamos el uno por el otro se había diluido en ellos. Fue un momento de decisión para mí. Era dejar de celarlo o perderlo para siempre... perderlo de veras, no como yo me hacía mis historias. Elegí dejar de acosarlo y madurar; trabajar mis inseguridades y salir adelante. Fue difícil pero no he vuelto más a ser la celosa de antes y estoy feliz y en paz (Amparo, 32 años).

Aunque es difícil generalizar, podemos tomar nota de algunas cosas compartidas por las personas que han logrado superar sus celos o mantener a raya el lado destructivo de esta emoción. Estas personas, ya sea que nunca hayan sentido celos o que los hayan aprendido a manejar con éxito pueden tener en común lo siguiente:

1. Se han olvidado de querer controlar lo que no pueden. Saben que si algo va a pasar, por más doloroso que pudiera ser, no pueden evitarlo mediante reclamos y constante

vigilancia. De hecho, algunos han comprendido, por experiencias dolorosas, que los celos pueden alejar de ellos a quien aman si insisten en acosar y controlar.

2. Han decidido no escuchar sus propios malos consejos. Nuestra imaginación puede volar tan alto como queramos; sin embargo, si le permitimos mostrarnos escenarios donde nuestros peores miedos se hacen realidad, terminaremos por incrementar nuestra ansiedad e inseguridades y dificultar el manejo de los celos que sentimos.

3. Han puesto todo en una balanza. Cuando la expresión de los celos en una persona pone en riesgo el vínculo y la confianza que han establecido con su pareja, muchos prefieren esforzarse por cambiar su conducta antes de ver perdida su relación.

4. Sienten plena confianza en su pareja y en sí mismos. Confiar en otra persona no es fácil si alguna vez nos han lastimado; aun así, quienes se atreven a hacerlo y se permiten sentirse tranquilos con los acuerdos que han establecido en pareja, tienen mucho menos posibilidades de ser atacados por los celos.

5. Han aprendido de sus experiencias. Malas o buenas, algunas personas han aprovechado lo aprendido de sus experiencias para manejar mejor sus celos: se han dado a la tarea de analizar qué acciones les han ayudado y cuáles han obstaculizado esta vivencia en el pasado.

A pesar de que existen personas para quienes los celos parecen ajenos, es importante aclarar que todos los seres humanos somos capaces de experimentar emociones. El que una persona no haya experimentado una emoción o sensación —tal vez porque no ha estado en una situación en la cual la haya necesitado— no significa que no pueda vivirla algún día. Hemos mencionado ya, que los celos son tan necesarios como el enojo o el miedo para alertarnos de los peligros y amenazas, y reaccionar ante ellos. El objetivo entonces no es vivir sin estas emociones o ignorarlas, sino aprender a manejarlas para evitar que nos controlen y nos hagan perder la razón.

La cara positiva de los celos

En las investigaciones que hemos hecho sobre los celos y lo que significan en la vida de las personas, nos hemos dado cuenta del inmenso poder que nuestra cultura les confiere. Por un lado, se viven y sienten como necesarios en una relación de pareja porque se asocian, en primera instancia, al amor. Por otro lado, se les ve como una emoción negativa y destructora, capaz de terminar con el amor de otros y dejar a quien los siente en el desamparo. Esto se ha reflejado ampliamente en la literatura y en muchas de las investigaciones y los libros que existen al respecto.

Sin embargo, no todo lo que se ha dicho sobre los celos se centra en el aspecto negativo de su existencia. Los expertos poliamorosos han aprendido a verlos como aliados en la construcción de relaciones saludables y amorosas, en la comunicación con otros y en el crecimiento personal.

En el primer capítulo explicamos que los poliamorosos son personas que desean vivir relaciones no monógamas responsables. Esto significa también que han decidido relacionarse afectiva y sexualmente con más de una persona a la vez y, por eso, establecen vínculos en que todas las personas involucradas están de acuerdo en mantener relaciones abiertas con otras.

Esto podría parecer, para unos, un asunto grave, para otros, una utopía. En una encuesta realizada por el Instituto Mexicano de Sexología (2004) en 778 hombres y mujeres mexicanos, se encontró que la media o promedio de veces que este grupo se había enamorado fue de 2.2 veces, con una media de 4.29 parejas sexuales. Cuando se les preguntó si creían que los seres humanos eran monógamos o polígamos, 63.7% contestó polígamos (por género, 58.6% de mujeres y 70.3% de varones). A la pregunta "¿Es posible amar a más de de una persona?", 50.9% de mujeres y 51.9% de hombres respondieron afirmativamente. Cuando se les preguntó por qué creían que los seres humanos eran polígamos o monógamos, las respuestas se agruparon en las siguientes categorías:

Para quienes afirmaron que los seres humanos somos polígamos:
- "Somos polígamos por naturaleza pero la sociedad nos inculca la monogamia."
- "Hombres y mujeres tienen la necesidad de dar variedad a su vida amorosa y sexual."
- "Porque somos capaces de amar a más de una persona en la vida."
- "En algunos casos, por la educación y la cultura en la que nos desarrollamos."
- "Porque se puede querer a dos personas de manera diferente."

Para quienes afirmaron que los seres humanos somos monógamos:

- "La monogamia es parte de la naturaleza humana."
- "La existencia de una pareja impide, culturalmente, que seamos polígamos."
- "Por preceptos religiosos."
- "Porque amar a dos personas es complicado."
- "Porque los celos nos impiden tener relaciones abiertas."

La mayor parte de nosotros vivimos relaciones amorosas exclusivas, y para iniciar otra relación nos sentimos obligados a terminar con la anterior. Algunos expertos conocen esto como *monogamia serial* y lo definen como tener muchas parejas monógamas una después de la otra. Por ejemplo: Juan y Ana son pareja y también lo son Pedro y Carmen. Cuando ambas parejas rompen relaciones, Juan establece una relación monógama o exclusiva con Carmen y Ana, ex pareja de Juan, empieza a salir con Pedro. Cuando Juan termina con Carmen, inicia un romance con Lucía, y cuando Ana se pelea con Pedro, encuentra el amor con Alejandro y así sucesivamente.

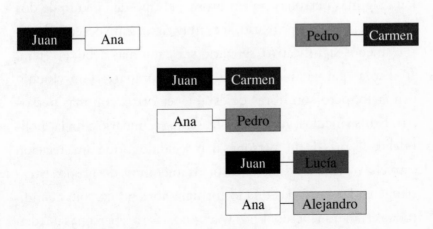

Esto que ejemplificamos probablemente nos ha sucedido alguna vez: nos enamoramos de alguien, pero si la relación no funciona, iniciamos una nueva con otra persona. Ellos sucede porque los seres humanos somos capaces de enamorarnos más de una vez en la vida; sin embargo, culturalmente, muchos de nosotros sólo nos permitimos relacionarnos con una persona a la vez.

Las personas poliamorosas, que han acordado establecer relaciones diferentes, no deben terminar con una pareja para conocer otra, y aunque hay muchos subtipos o modelos de estas relaciones; el siguiente ejemplo podría servirnos para entender cómo se viven. En el primer caso, "matrimonio o pareja abierta en grupo", David tiene dos parejas, Ana y Lucía, con quienes tiene vínculos significativos (por ejemplo, puede vivir con una de ellas o las dos o tener un proyecto de vida conjunto). Estos vínculos están representados por el número y grosor de líneas que van de un nombre a otro. En este mismo modelo, Ana y Lucía pueden tener una relación menos significativa, tal vez porque sólo sea emocional o amistosa y no sexual. Ana, a su vez, tiene una pareja significativa en Juan, con quien no comparte tantos intereses como con David. Para algunas personas poliamorosas, el tipo de vínculo de dos personas puede ser primario, si es muy significativo, secundario, si es menos significativo, terciario si es aún más débil, etcétera.

En la "pareja abierta" Juan y Ana comparten un vínculo primario, pero son libres de establecer otros con más personas. Estos vínculos, generalmente, serán secundarios. En la "polifidelidad", más de dos personas han decidido formar una relación estrecha o primaria. En este caso, los miembros del grupo se restringen a las personas que lo forman, abriéndolo sólo cuando todos están de acuerdo. En el triangulo, las tres personas pueden formar vínculos primarios y abrirlo o no a la inclusión de otras personas o a que cada miembro establezca relaciones amorosas con alguien más.

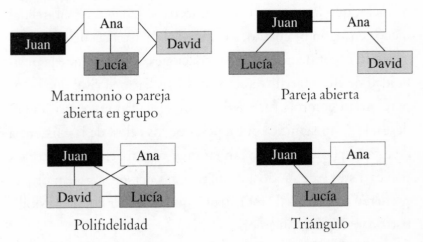

Matrimonio o pareja abierta en grupo

Pareja abierta

Polifidelidad

Triángulo

Como podemos imaginar, dado que todas las personas involucradas en las relaciones poliamorosas saben de la existencia de segundos o terceros, el tema de los celos es casi inevitable. El hecho de que una persona decida y quiera vivir relaciones amorosas no exclusivas, no implica que no se enfrente de vez en cuando a esta emoción.

Por eso, casi todo lo escrito sobre poliamor a manera de guía para quienes han decidido vivir este estilo de relaciones, incluye algo sobre el manejo de los celos. Sin embargo, lo realmente novedoso es el tratamiento que algunos autores dan a este sentimiento. Por ejemplo, Deborah Anapol, pionera en el tema del poliamor, nos dice en su libro *Amor sin límites*: "Deja que los celos sean tu maestro. Los celos te pueden llevar a los lugares donde más necesitas sanar. Te pueden guiar a tu lado obscuro y enseñarte el camino hacia la autorrealización. Los celos te pueden enseñar cómo vivir en paz contigo y con el mundo... Si los dejas" (Anapol, 1997, *Polyamory: The New Love Without Limits*).

Esta visión positiva de los celos descansa en dos realidades: primera, que las personas poliamorosas deben enfrentarse, al menos en algún momento, a la idea de la existencia de otras personas en la cotidianeidad de su relaciones; segunda, que la posibilidad de eliminar al "tercero en discordia" o al rival que otros percibirían como la fuente de su inseguridad no es posible ni deseable. Esto significa que a pesar de los celos, de la existencia de esta respuesta humana tan familiar para muchos de nosotros que casi surge de modo automático, las personas poliamorosas prefieren enfrentar al "monstruo" que terminar con la posibilidad de multiplicar su amor.

Los celos, entonces, aparecerán en algún momento. Pero en vez de huir de ellos, en lugar de hacerlos el enemigo contra el que se podrían cansar de luchar, quienes viven el poliamor aprender a convivir cordialmente con ellos y a escuchar lo que tienen que decirles sobre ellos mismos.

Cuando descubrí el poliamor fue como descubrir algo que siempre había soñado pero nunca me atreví a considerar como una realidad. Quería vivirlo y compartirlo con mi pareja y de quienes me enamorara en el camino. Al principio, mi reto principal fue mi inseguridad. Lo que había aprendido sobre las relaciones amorosas era depender emocionalmente de otros: no me acababa de creer mis aciertos si quien yo amaba no los reconocía, no me sentía hermosa si mi pareja no me lo decía, no me sentía atendida si no percibía que mi pareja estaba a mi lado todo el tiempo posible. Por eso, con la primera relación secundaria que mi novio tuvo, los celos me atacaban cada vez que sentía que tenía que compartir el tiempo y atención que él me daba con otra persona. Cuando tuve el valor literalmente de sentarme a analizar lo que me estaba pasando, entendí que sólo podría crecer como persona si aprendía a validarme a mí misma, a serme suficiente y si me esforzaba por fortalecer mi autoestima. Cuando lo hice, todo fue cambiando y mi relación no fue lo único que salió beneficiado; todas mis relaciones familiares, mis amistades, mi trabajo y mi tiempo libre cambiaron, y lo mejor de todo es que ese cambio me lo debo sólo a mí (Jazmín, 42 años).

Para lograr el manejo exitoso de los celos, la comunicación de sentimientos, expectativas, miedos e inseguridades, se vuelve la base sobre la cual se construyen acuerdos. Es decir, quienes viven relaciones poliamorosas deben ir aprendiendo a veces "sobre la marcha" y estar en constante actualización de lo que cada parte necesita de la relación.

En esta construcción de acuerdos, los celos son aliados y maestros: cada vez que hacen su aparición en nuestra vida, su mensaje es que tenemos algo más que aprender sobre nosotros mismos (Anapol, 1997).

LO OPUESTO A LOS CELOS: LA COMPERSIÓN

Muchas personas han llegado a pensar que lo más natural con respecto al amor es defender lo que creemos importante de quien busque arrebatárnoslo. Para las personas poliamorosas, sin embargo, más allá de comprender la existencia de los celos, existe la posibilidad de compersar.

La compersión es la alegría que se manifiesta cuando una persona que amamos vive un momento de felicidad al lado de otra persona. Es una forma de empatía; el placer de saber que alguien importante para nosotros experimenta algo positivo en su vida, que no necesariamente es sexual. Este término fue acuñado por la comunidad Kerista, que alguna vez se estableció en San Francisco y se separó en 1991 (Anapol, 1997) y constituye, para muchas personas poliamorosas, el valor esencial en este tipo de relaciones.

Curiosamente, quienes viven la compersión experimentan sensaciones y emociones muy parecidas a las de una persona enamorada, por ejemplo, euforia, "mariposas en el estómago", pensamientos y fantasías constantes sobre posibles encuentros, etcétera.

Me acuerdo perfecto del día que le presenté a mi novio a una de mis mejores amigas. Él no tardó en decirme que mi amiga le parecía simpática y hermosa, y mientras, mi amiga me mandaba un mensaje diciéndome que mi novio le había parecido guapísimo. Después de unos días, decidieron salir juntos (desde luego, yo le di unos tips a mi novio que creo le funcionaron de maravilla), y a las pocas citas ya habían empezado una relación. Cuando me enteré me volví como loca de felicidad. Creo que estaba más emocionada que ellos. Me fascinaba la idea de que dos personas que yo amaba y consideraba maravillosas hubieran hecho "click" y vieran el uno en el otro todo lo que yo veía en ellos (Cecilia, 33 años).

En la sociedad en que vivimos, sin embargo, hablar de compartir en términos de abandonar la exclusividad sexual y afectiva a la que estamos acostumbrados, implica un enorme paso que, aunque no todos se atreven a darlo, algunos viven como beneficio y forma de autoconocimiento.

LA LECCIÓN A APRENDER: ANTE LOS CELOS, PACIENCIA

Easton y Hardy (2009), como algunos otros autores que han escrito sobre el poliamor, confieren a la paciencia un lugar importante en el entendimiento y manejo de nuestros celos. Para estas autoras, la paciencia que tengamos con nosotros mismos y hacia nuestra pareja es la clave para ayudarnos a lograr nuestros objetivos: *Cambiar el modo en que se experimenta un sentimiento toma tiempo, por lo que debes esperar un proceso gradual, aprendiendo poco a poco, por ensayo y error. Y habrá ensayos, y cometerás errores (pág. 136).*

Pero sobre todo, ser paciente significa aprender a escucharnos y escuchar al otro con tranquilidad; reconocer que podemos equivocarnos y tener debilidades y aun así estar dispuestos a amarnos y reconocer que otros pueden aceptarnos como somos. La paciencia, para muchas personas poliamorosas, es saber que hay mucho que entender y descubrir y que nosotros podemos ser, si nos lo permitimos, nuestro mejor material de aprendizaje: *No hay maneras elegantes de desaprender los celos. Es como aprender a patinar: te tienes que caer y quedar como tonto algunas veces para que puedas, al fin, deslizarte cual cisne (pág. 136).*

CAPÍTULO SEIS

La vida después de los celos: para amar con sabiduría

A lo largo de este texto hemos hablado del papel que tienen los celos en nuestra cultura y de los mitos al respecto, de cómo los hemos aprendido a equiparar al amor y de cómo, en realidad, son emociones tan distintas, que las respuestas que nos evocan bien podrían colocarse en extremos (felicidad-infelicidad, alegría-tristeza, inseguridad-seguridad, ansiedad-tranquilidad, etcétera).

Amar no significa celar, pues no ama más quien más cela, así como no celan quienes no sienten amor por su pareja. Sin embargo, decir que celamos en función del amor por otra persona, puede ser un pretexto para no superar nuestras inseguridades, sobre todo a nivel personal. Ya hemos explicado que, como el enojo o el miedo, los celos son una emoción que podemos poner a nuestro favor si entendemos lo que significa para nosotros, pero ante todo, es una emoción que podemos aprender a manejar para tener relaciones más saludables.

Pero, ¿qué significa tener relaciones más saludables? El auto-conocimiento que nos permitamos a partir del aprendizaje del manejo de los celos y de la comunicación que tengamos en pareja es muy buen principio; sin embargo, el sustento se origina mucho antes de iniciar una relación amorosa. Como ya mencionamos, nunca nadie aprende a enamorarse; esta experiencia parece llegar de manera natural y compartir las mismas características en todas las personas. A pesar de esto, podemos observar que en algún momento las parejas enfrentan conflictos difíciles que pueden distanciarlos, pues sin importar la intensidad del afecto que vivieron, el cariño no es lo único que sostiene o mantiene unidas a dos personas. Aunque los seres humanos nos enamoramos sin planearlo y casi sin esfuerzo, debemos aprender a amar con sabiduría y a comunicarnos efectivamente, para fortalecer esas relaciones ante los obstáculos que se le presenten. Por eso, en este último capítulo hablaremos del significado del amor y de los aspectos esenciales en una relación de pareja exitosa.

EL ENAMORAMIENTO Y LA PAREJA

La mayoría de las parejas se constituyen como consecuencia de un proceso de enamoramiento, conocido técnicamente como limeranza.

El término y los estudios al respecto son responsabilidad de Dorothy Tennov, psicóloga y maestra estadounidense. En su libro *Love and Limerence, the Experience of Being in Love*, narra cómo se inició la inquietud por estudiar el fenómeno del enamoramiento. Al principio le llamó la atención que algunos alumnos suyos, habiendo sido en términos generales brillantes y cumplidos, se veían sujetos a periodos en los que su rendimiento escolar se veía seriamente afectado, al igual que su estado de ánimo. Investigando, empezó a ver que con frecuencia estos episodios coincidían cuando los jóvenes referían estar pasando por un periodo de enamoramiento. Después de hacer algunas entrevistas, se percató de la gran similitud en los diferentes relatos, sobre todo en cuanto a sensaciones y percepciones que las personas recuerdan de sus estados de limeranza.

Esto la llevó a pensar que el enamoramiento o limeranza es un fenómeno universal característico del ser humano que, sin duda, tendrá matices y diferencias, condicionadas cultural e individualmente, pero conservando una línea básica común.

La limeranza es una sensación o estado de ánimo en que algunas personas se encuentran más de una vez en su vida; otras se han encontrado durante cierto tiempo y algunas más aún no lo han experimentado, pero en quienes lo han vivido, presenta una serie de características comunes, susceptibles de ser estudiadas y sistematizadas.

Sobre este tema hay algunas preguntas clave, todavía sin respuesta. Por ejemplo: ¿por qué el estado de limeranza se inicia o desencadena en cierto momento y por qué se da en determinadas personas?

Lo que hoy se sabe sobre la limeranza es que llega a nuestras vidas de manera suave y placentera, sin saberse muy bien por qué surge cierto interés por una persona; algo nos atrae de ella, tal vez no sea la persona más bella que hemos conocido, pero hay "un no sé qué" que nos llama la atención. No es atracción sexual, es algo más o diferente. De hecho, este sentimiento puede aparecer en una persona que ya nos era conocida o en alguien que hace unos cuantos días no conocíamos.

Es importante destacar que la limeranza, más que una serie de acontecimientos, se constituye por emociones y percepciones del individuo enamorado. En esta situación, el sexo no es esencial ni suficiente para satisfacer el nivel de enamoramiento, aunque para algunos la relación sexual representa el símbolo del logro máximo en la limeranza: la reciprocidad.

Esta reciprocidad, provenga o no del sexo, es elemento toral de la limeranza y se refiere a descubrir que la otra persona corresponde a nuestro interés y cada vez de manera creciente.

La limeranza puede iniciarse con una sensación apenas perceptible de atracción; incrementada por una persona bajo determinadas circunstancias favorables, llega a grados muy elevados de intensidad. Asimismo, en la mayoría de los casos suele desvanecerse o perder casi toda su fuerza. De hecho, hoy se sabe que este estado no dura más de tres años y su etapa de mayor intensidad con frecuencia no dura más de 3 meses. Lo anterior tiene mucho sentido: cuando nos enamoramos nuestro cerebro produce dopamina, un neurotransmisor o químico cerebral que produce euforia, energía, falta de sueño, etc., cuyos efectos son similares a los producidos por drogas como la cocaína y las anfetaminas. Si mantuviéramos ese estado durante mucho tiempo, las consecuencias sobre nuestra salud serían graves, sin mencionar que las conocidas distracciones que experimenta una persona enamorada le traerían problemas de tipo laboral o social, por ejemplo.

La limeranza tiene características y componentes básicos. Uno de ellos es el llamado "pensamiento intrusivo". En este estado, por lo general nuestra mente está invadida por pensamientos concernientes a la persona de la que estamos enamorados. Con frecuencia escuchamos "sólo pienso en ti". Existe un estado de soñar despierto, y se piensa constantemente en el momento de ver a esa persona y lo que sucederá. Estas fantasías no necesariamente disminuyen al iniciarse la relación, incluso pueden aumentar.

Por lo general, la limeranza se inicia en un momento que puede ser precisado en el tiempo, aunque tal vez sea más fácil ubicarlo cuando lo intentamos recordar después. Como mencionamos antes, no necesariamente se recuerda como una atracción física o sexual. Una vez iniciado el proceso de la limeranza, se piensa mucho en la otra persona y, al principio, hay una fase en la que se siente gran entusiasmo y una sensación de "gran libertad". Esta felicidad la atribuimos a esa persona a la que consideramos sumamente especial. Todavía en esta etapa inicial es posible que el sentimiento exista hacia varias personas, en forma más o menos simultánea.

Cuando estamos en este proceso, buscamos "señales" de que la persona que nos interesa nos corresponde (una llamada telefónica, un mensaje, una mirada, etc.). Entonces, cuando sentimos o tenemos evidencias de que sí hay interés, la sensación es de euforia. Nuestros pensamientos están ocupados en recordar y recrear los momentos en que se estuvo con la persona, valorando sus rasgos atractivos y considerando también las propias cualidades que contribuyeron a lograr el interés del otro.

Cuando se plantean obstáculos a la relación (por ejemplo, si la familia se opone) o cuando surgen dudas sobre la otra persona, la intensidad del enamoramiento llega a incrementarse. Incluso, cuando el sentimiento se intensifica, puede llegarse al estado en que es imposible suprimir la limeranza o evitarla voluntariamente, a pesar de conocer graves facetas negativas en el sujeto limerado. A esta condición se le ha denominado cristalización.

Un factor importante en cuanto al curso de la limeranza, es si en cualquier punto del proceso se perciben evidencias de ser correspondido/a: el grado de incremento del sentimiento se detiene, pero vuelve a ser intenso en el momento en que resurge la incertidumbre, es decir, cuando volvamos a dudar si somos o no correspondidos. Es por eso que Tennov considera esta etapa como "juego": los involucrados pueden no tratar de mostrar su interés hacia el otro para mantener la incertidumbre y, con ella, el grado de limeranza.

Por otro lado, la duda y el incremento en el enamoramiento afectan la autoestima, existe gran temor al rechazo y con frecuencia sentimos la necesidad de mejorar nuestro aspecto físico, cambiar de peinado, adquirir ropa nueva y en general, estamos abiertos a cualquier sugerencia que pudiera incrementar las posibilidades de atraer a la otra persona. A esto se agrega que tendemos a idealizar a la pareja de quien estamos enamorados. En ocasiones hemos visto en terapia de pareja a personas que sienten que el otro ha cambiado cuando en realidad lo único diferente fue que desapareció la idealización elaborada. Por eso consideramos que si una pareja se constituye en plena limeranza, es probable que se esté iniciando una relación con una persona que no conocemos realmente bien.

FENÓMENOS Y "SÍNTOMAS" FÍSICOS

Durante el proceso de la limeranza se presentan fenómenos físicos relacionados frecuentemente con esta situación: palpitaciones del corazón, temblor, palidez, insomnio, falta de apetito; y cuando la incertidumbre es intensa, se da un gran estado de angustia que muchas veces es referido por las personas como "me duele el corazón".

LA SEXUALIDAD Y LA LIMERANZA

Uno de los aspectos de mayor interés en la investigación sobre este tema es la relación entre sexualidad y limeranza. La mayoría de la gente acepta y sabe que el amor y el sexo pueden separarse, pero prefieren que no sea así. Por otro lado, un sentimiento amoroso, por intenso que sea, no es garantía de que exista o se dé una buena y satisfactoria relación sexual.

Muchas personas enamoradas desean tener relaciones sexuales con la otra persona y las disfrutan mucho; sin embargo, no siempre son tan satisfactorias como se espera. Esto se debe a que, en ocasiones, la ansiedad y la timidez que experimenta la persona pueden interferir con un adecuado y satisfactorio funcionamiento sexual. La persona enamorada desea dar mejor apariencia y mostrarse sumamente exacta, correcta y eficiente, que con mayor facilidad obstaculizan el funcionamiento sexual. No es poco frecuente que los hombres nos digan que con aquélla que más les interesa quedar bien y hacer mejor las cosas, es precisamente con quien tienen más dificultades; tal es caso de algunos individuos con problemas para tener o sostener una erección adecuada. Lo mismo le sucede a las mujeres, quienes se enfrentan al hecho de querer ser eficientes y pasionales, a pesar de encontrarse inseguras, nerviosas, ansiosas y tímidas.

EL FINAL DE LA LIMERANZA

Como ya mencionamos, la limeranza o enamoramiento es una etapa que se termina relativamente rápido y no dura más de dos o tres años. Terminada esta etapa, se pueden seguir dos caminos: o nos enamoramos de otra persona, o el sentimiento que teníamos sufre una transformación, en el mejor de los casos, desarrollándose una respuesta emocional que suele describirse como amor (y que de hecho es un concepto difícil de definir, puesto que si se consultan diccionarios y libros de especialistas, veremos serios desacuerdos). He aquí la importancia de diferenciar la limeranza del amor, pues muchas personas piensan que cuando la emoción que experimentaron en un primer momento desaparece, la relación ha perdido todo su interés. Sin embargo, ésta pudo haberse transformado en una etapa con sus propios beneficios; en la motivación por establecer una relación equilibrada que, en nuestra opinión, origina un alto porcentaje de parejas que se constituyen, en matrimonio o fuera de él.

Si se logra convertir la limeranza en un vínculo afectivo que refuerce el nivel de atracción afectiva, la pareja tendrá un importante porcentaje de probabilidades de continuar.

EL AMOR

Aclarábamos que, curiosamente, la mayor parte de los libros de psicología no mencionan el término amor. Por otro lado, si lo buscamos en el diccionario, encontraremos una serie de conceptualizaciones y definiciones que a fin de cuentas nos dejan más confundidos que antes de consultarlos. La mayor parte hablan del amor como un conjunto de emociones relacionadas con el afecto y al apego. Sin embargo, los mayores y más profundos estudiosos del comportamiento y de los sentimientos humanos han sido los escritores y los poetas; por ende, es a ellos a quienes sin discusión les pertenece el título de precursores y conocedores de la naturaleza humana. Ellos, sin pretender darles validez y bombo científico, han escrito y profundizando más en el amor.

Hablar de amor implica reflexionar e intentar por lo menos conceptualizarlo. Los autores de este libro nos sumamos a conceptos como los vertidos por Karol Woytila (quien fuera el papa Juan Pablo II) y el psicoanalista Erich Fromm en el sentido de que amar a una persona bien puede expresarse con la frase "tú a mí me importas". Amor no es posesión ni presencia, es el sentimiento de un deseo imperioso de que la otra persona esté bien y se sienta bien. Incluso, como mencionan los poliamorosos cuando hablan de la "compersión", el amor se relaciona al regocijo que nos da el bienestar de nuestra pareja, incluso si estuviera con otra persona.

De manera que pudiera parecer simplista, pero tal vez por ello más accesible, decir que el amor se ve cuando una persona dice de la otra, en cualquier forma y momento, que para ella es importante. Es un sencillo "me importas, quiero entenderte para que tú estés bien, porque tu bienestar es también bienestar para mí, siendo cada uno de nosotros una persona, un individuo".

Desafortunadamente, no ayuda mucho a reforzar este concepto lo que comúnmente escuchamos en las canciones populares en que el amor se considera invariablemente ligado a posesión, y control y desamor a pérdida, todo bajo un simplista concepto de "todo o nada". En realidad, construir relaciones de pareja exitosas requiere de un esfuerzo constante y del equilibrio de varios elementos que a continuación enlistamos.

La buena relación de pareja

Existen siete elementos que consideramos esenciales para una buena relación de pareja. Revisemos:

1. *Atracción Física*

   Es claro que lo primero que nos llamó la atención de una persona fue cómo se veía. Por desgracia muchas parejas, cuando ya formalizan un compromiso, descuidan este aspecto. Se pierde la preocupación por verse bien ante la otra persona. Ya no hay que conquistar y no es raro ver que una pareja sólo se arregla para verse mejor cuando tienen compromisos externos. Lo ideal es cuidar nuestro aspecto, primariamente para nosotros mismos, y en segundo término para la pareja.

2. *Atracción Intelectual*

   Esto se refiere básicamente a la importancia de que ambos miembros de la pareja tengan intereses comunes. No tienen que ser grandes intelectualidades, puede ser cualquier hobby o afición o un deporte. Lo importante es que ambos sigan teniendo un elemento de interés común que les permita compartir y hablar de ello. Los hijos no bastan.

3. *Atracción Afectiva*

   Es una parte crucial en la pareja. Se refiere a la existencia de lo que hemos llamado en líneas anteriores amor. Difícilmente puede existir una pareja si a una de las personas no le importa la otra y menos aún si no existe el sentimiento en ninguno de los dos. Podrán ser "socios" en un proyecto de pagar la hipoteca, la escuela o educar a los hijos pero no serán una auténtica pareja.

4. *Comunicación*

Los estudiosos de la materia nos hablan de que para que exista debe haber un emisor que lanza un mensaje para ser recibido por un receptor. Desde la psicología, consideramos que esto debe ser recíproco y en la pareja es un elemento crucial. Podemos pensar que este intercambio de mensajes es una tarea simple que cualquiera puede realizar; sin embargo, comunicar no es sólo hablar: debe haber un adecuado intercambio de ideas y un genuino interés en lo que la otra parte tiene que decir.

Como se ha visto en capítulos anteriores, el manejo de los celos descansa en buena parte en nuestra capacidad para lograr una buena comunicación. Hablar sobre lo que pensamos y sentimos no siempre es sencillo, especialmente por la cantidad de mensajes incomunicativos que a lo largo de nuestra vida hemos recibido. Sin embargo, la reflexión y práctica constante de estas sencillas reglas puede ayudarnos a transmitir más clara y fácilmente nuestras ideas:

- *Hablar en primera persona.* Es decir, empezar cada frase del diálogo con "yo siento" o "a mí me pasa esto", en contraste con el usual "tú me hiciste".
- *No calificar a la pareja.* No es raro escuchar la frase: "tú me lastimaste", "tú me hiciste", "tú eres" o "tú me agrediste". Estas expresiones invariablemente son tomadas por la contraparte como un ataque o agresión, y como por lo general no actuamos buscando lastimar propositivamente a la otra persona, cuando somos "acusados" de hacerlo nos sentimos atacados. Si esto sucede, la persona que se siente

atacada se dedica a defenderse en vez de tratar de entender o escuchar lo que el otro le dice, volviendo inefectiva la comunicación.

- *No traer el pasado al presente.* No es raro ver que en las parejas, cuando se suscita una discusión por algún asunto presente, se traen a la discusión elementos del pasado. Reflexionemos: nadie puede ni podrá nunca cambiar algo que ya sucedió. Traerlo al presente es generar una agresión por la absoluta imposibilidad de cambiar el hecho ya consumado. Algunas personas dirán que no es tan fácil olvidar. No se trata de olvidar, se trata de convertir esa afrenta del pasado en algo propositivo que no queremos que vuelva a suceder.
- La última regla es evitar el uso de palabras categóricas o tajantes, que por su significado nos llevan a pensar en una implícita agresión. Palabras como *nunca, siempre, todo y nada,* absolutizan nuestras conductas y muy probablemente no reflejan la realidad. No es raro escuchar frases como "a ti nada te parece bien", "siempre llegas tarde", "todo lo exageras" o "nunca me sacas". Quien escuche estas palabras, invariablemente reaccionará para defenderse ante lo que considera una acusación.

Como puede verse, las reglas son sencillas, pero se requiere de verdadera disciplina y del deseo genuino de ambos por ponerlas en práctica y mejorar la comunicación. Por ello, ya en el ámbito de la terapia de pareja, sugerimos a quienes empiezan a aplicarlas que decidan una palabra clave (que no agreda ni califique) y la usen en medio de una conversación que se ha tornado tensa para notificar al otro su percepción de que se ha roto una regla.

Por último, es importante recalcar que la comunicación no debe ser entendida como un espacio para quejarnos constantemente; cuando nos quejamos, acusamos y responsabilizamos al otro y, al hacerlo, nos olvidamos de ver cómo contribuimos nosotros al problema y cómo podemos solucionarlo mejor.

Continuemos ahora con los elementos restantes para lograr buena relación de pareja.

5. Ejercer con la pareja la *Empatía*. En términos sencillos consideramos que la empatía es la capacidad de ponerse en los zapatos del otro o de la otra. Esto a muchas personas nos hace falta en general, pero particularmente en el seno de las relaciones de pareja. Empatizar es tratar de entender lo que le sucede al otro: qué motiva sus actos, palabras, sentimientos y humores, buenos y malos. Sostenemos que muchos conflictos y problemas de pareja simplemente no se suscitarían si mediara un poco de empatía.

6. El *Respeto*. No hay que perder de vista que nuestra pareja es una persona, un individuo. Al formar la pareja, contrariamente a lo que algunos ministros religiosos dicen, no nos convertimos en uno solo. Ello cancelaría todas nuestras posibilidades de desarrollo y crecimiento personal. Lo ideal sería ver a cada individuo como un círculo que se une parcialmente con el otro y genera tres espacios: mi mundo, tu mundo y nuestro mundo.

El mundo de cada quien contiene sus propios intereses, su trabajo, sus amistades y cualquier afición que no implique la participación de la pareja. En nuestra cultura reforzamos las actividades realizadas en pareja, las cuales pueden ser muy placenteras siempre y cuando no las consideremos una obligación. Es verdad que puede ser benéfico participar a veces de los intereses del otro, aun cuando no los compartamos por completo. Sin embargo, hacerlo al punto en el cual nos sintamos forzados y disgustados, sólo traerá rencores y conflictos acumulados.

Entender que cada persona es un mundo implica reconocer que podemos tener ideas e intereses diferentes y a pesar de ello sentir afecto el uno por el otro. Al respecto, cada persona y cada pareja decidirá en su momento con cuáles de estas diferencias puede convivir y cuáles podrían afectar el futuro de la relación.

El mundo de ambos lo podemos subdividir en tres áreas; la socio-operativa, la familiar y los hijos, y la propia.

Como podremos imaginar, el área nuestra exclusiva es la que más se propicia en la limeranza o enamoramiento y probablemente una de las que más se descuida en la relación de pareja establecida. Durante el cortejo, lo que más se desea es estar a solas con la persona que nos interesa. Sin embargo, ya establecidas, muchas parejas buscan con quien pasar los fines de semana o los momentos libres para no tener que pasarlos solos.

7. El último elemento que proponemos para una buena relación de pareja es la *Actualización*. Si emprendiéramos cualquier empresa, inversión o proyecto, después de un tiempo regresaríamos a verificar cómo marchan las cosas. Esto parece el modo más lógico de actuar, pero rara vez, si acaso, lo hacemos en la relación de pareja. La propuesta de "actualizarnos" consiste entonces en fijar con cierta periodicidad (la que la pareja decida) una sesión sólo entre los dos en la que se responda (sin discutir, solo escuchando al otro) a las siguientes preguntas:

- Cómo me encuentro yo conmigo.
- Cómo me encuentro yo con la pareja.
- Cómo me encuentro yo contigo.

Una vez escuchados ambos, sin descalificar el sentir de cada uno, se puede empezar a platicar, siempre usando las reglas de la comunicación sobre lo que se necesita hacer para mejorar lo que está fallando y para reforzar lo que está funcionando bien.

Todo lo anterior pudiera parecer sencillo, pero en realidad nos muestra la complejidad que representa llevar a cabo una buena relación de pareja. No conocemos ni conoceremos una pareja que cumpla cabalmente con estos siete puntos y sus derivados, pero nos queda claro que quien los tenga en mente como meta por lograr, formará una pareja más exitosa que otro que ni siquiera los piense o considere.

Por último, quienes busquen estas metas, definitivamente serán más capaces de abordar y manejar los celos, motivo de este libro. Nuestros mejores deseos para el futuro a quienes nos han brindado su confianza al leernos.

Referencias

Álvarez-Gayou, J. L., *Percepciones y opiniones sobre la masculinidad y la feminidad. Los géneros y la escuela.* Archivos Hispanoamericanos de Sexología, vol. IX (2), 2003.

Álvarez-Gayou, J. L. y Millán, P., *Monogamia, poligamia y la pareja: percepción de un grupo de adultos mexicanos.* Investigación presentada en el 4° Congreso Nacional de Investigación en Sexología, Colima, México, 2004.

Anapol, D., *Polyamory: The New Love Without Limits.* IntiNet Resource Center, Estados Unidos, 1997.

Archer, J. y Webb, I., *The Relation Between Scores on the Buss—Perry Aggression Questionnaire and Aggressive Acts, Impulsiveness, Competitiveness, Dominance, and Sexual Jealousy.* Aggressive Behavior, vol. 32 (5), 2005.

Barash, D. Y Lipton, J., *The Myth of Monogamy: Fidelity and Infidelity in Animals and People.* Henry Holt and Company, Estados Unidos, 2002.

Bevan, L., *Life Without Jealousy: A Practical Guide.* Loving Healing Press, Estados Unidos, 2009.

Buss, D. M., Larsen, R. J., Westen, D., y Semmelroth, J., *Sex Differences in Jealousy: Evolution, Physiology, and Psychology.* Psychological Science (3), 1992.

Coontz, S., *Marriage, a History. From Obedience to Intimacy or how Love Conquered Marriage*, Penguin, Estados Unidos, 2005.

Easton, D. y Hardy, J. W., *The Ethical Slut: A practical Guide to Polyamory, Open Relationships and Other Adventures.* Ten Speed Press, Estados Unidos, 2009.

Easton, J.; Shackelford, T; Schipper, L., *Delusional Disorder-Jealous Type: How Inclusive are the DSM-IV Diagnostic Criteria?* Journal Of Clinical Psychology, vol. 64 (3), 2008.

García-Leiva, P.; Gómez-Jacinto, L.; Canto-Ortiz, J., *Reacción de celos ante una infidelidad: diferencias entre hombres y mujeres y características del rival.* Psicothema, vol. 13 (4), 2001.

Gelder, M.; López-Ibor, J. y Andreasen, N., *Tratado de psiquiatría.* t. I. Psiquiatría Editores, S.L., España, 2003.

Girard, R., *Shakespeare. Los fuegos de la envidia.* Anagrama, Barcelona, España, 1995.

Guerrero, L.; Trost, M. y Yoshimura, S., *Romantic Jealousy: Emotions and Communicative Responses.* Personal Relationships, vol. 12 (2), 2005.

Hales, R.; Yudofsky, S.; Talbott, J., *DSM-IV. Tratado de psiquiatría*, t. I, 3ª ed., Masson, Barcelona, España, 2001.

Harris C., *Psychophysiological Responses to Imagined Infidelity: the Specific Innate Modular View of Jealousy Reconsidered*, Journal Of Personality And Social Psychology, vol. 78 (6), 2000.

Harris C., *Sexual and Romantic Jealousy in Heterosexual and Homosexual Adults*, Psychological Science, A Journal Of The American Psychological Society, vol. 13 (1), 2002.

Iribarren, C.; Sidney, S.; Bild D. E.; Liu, K.; Markovitz, J. H.; Roseman, J. M.; Matthews, K., *Association of Hostility With Coronary Artery Calcification in Young Adults: The CARDIA Study*, Journal of American Medical Association, vol. 283 (19), 2000.

Kaufman, G. y Taniguchi, H., *Gender and Marital Happiness in Later Life*. Journal of Family Issues, vol. 27 (6), 2006.

Knox, D., Breed, R. y Zusman, M., *College Men and Jealousy*, College Student Journal, vol. 41 (2), 2007.

López-Ibor, J; Valdés, M., *DSM-IV-TR Manual Diagnóstico y estadístico de los trastornos mentales*, Masson, Barcelona, España, 2002.

Moore, T., *Care of the Soul: A Guide for Cultivating Depth and Sacredness in Everyday Life*, HarperCollins Publishers, Estados Unidos, 1992.

Reidl Martínez, L. M., *Celos y envidia: emociones humanas*, UNAM, Facultad de Psicología, Programa de Maestría y Doctorado en Psicología, México, 2005.

Robins, R. y Trzesniewski, K., *Self-Esteem Development Across the Lifespan*, Current Directions in Psychological Science, vol. 14 (3), 2005.

Rodrigues-Torres, A.; De Abreu Ramos-Cerqueira, T.; y Da Silva Dias, R., "O ciúme enquanto sintoma do transtorno obsessivo-compulsivo", *Revista Brasileira de Psiquiatria*, vol. 21 (3), 1999.

Ruge, K. y Lenson, B., *The Othello Response: Conquering Jealousy, Betrayal and Rage in Your Relationship*, Marlowe and Company, Avalon Publishing Group Inc., Estados Unidos, 2003.

Ruiz, G. y Fawcett, G., *Rostros y máscaras de la violencia*, IMIFAP, México, 1999.

Russell, E. y Harton, H., *The "Other Factors": Using Individual and Relationship Characteristics to Predict Sexual and Emotional Jealousy*, Current Psychology, vol. 24 (4), 2005.

Sabini, J. y Silver, M., *Gender and jealousy: Stories of Infidelity. Cognition & Emotion*, vol. 19 (5).

Shackelford, T.; Voracek, M.; Schmitt, D.; Buss, D.; Weekes-Shackelford, V.; Michaiski, R., *Romantic Jealousy in Early Adulthood and in Later Life*, Human, vol. 15 (3), 2004.

Schützwohl, A., *Sex Differences in Jealousy: Information search and Cognitive Preoccupation*, Personality & Individual Differences, vol. 40 (2), 2006.

Story, T.; Berg, C.; Smith, T.; Beveridge, R; Henry, N.; Pearce, G., *Age, Marital Satisfaction, and Optimism as Predictors of Positive Sentiment Override in Middle-Aged and Older Married Couples*, Psychology & Aging, vol. 22 (4), 2007.

Vaughn B.; Sagarin, B.; Guadagno, R.; Millevoi, A.; Nicastle, L., *When the Sexes Need not Differ: Emotional Responses to the Sexual and Emotional Aspects of Infidelity*, Personal Relationships, vol. 11 (4), 2004.

Wall, C. y Paton, S., *The Courage To Trust: A Guide To Building Deep And Lasting Relationships*, New Harbinger Publications, Inc., Estados Unidos, 2004.

White, G., *Romantic Jealousy: Therapists' Perceptions of Causes, Consequences, and Treatments,* Journal of Couple & Relationship Therapy, vol. 7 (3), 2008.

Wright S., *Familial Obsessive-Compulsive Disorder Presenting as Pathological Jealousy Successfully Treated with Fluoxetine,* Arch Gen Psychiatry (51), 1994.

"Te celo porque te quiero"
de Juan Luis Álvarez-Gayou y Paulina Millán
se terminó de imprimir en **Septiembre** 2010 en
Drokerz Impresiones de México S.A. de C.V.
Venado N° 104, Col. Los Olivos
C.P. 13210, México, D. F.